Original

Italienische Küche

Band 2

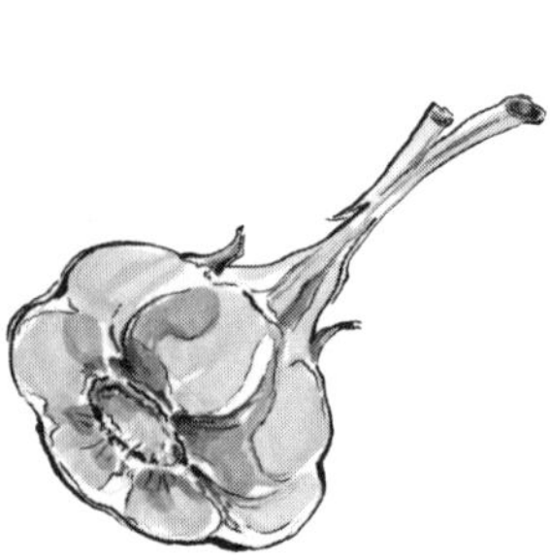

südwest

Dagmar Türck-Wagner

Original Italienische Küche

Band 2

Inhalt

Die italienischen Regionalküchen

Italien bietet eine kulinarische Landschaft von großer Vielfalt. Aufgrund der unterschiedlichen geographischen Gegebenheiten hat sich im Laufe der Jahrhunderte in jeder der 19 Regionen eine sehr eigene, typische Küche herausgebildet. Und da Italien – abgesehen von der weiten Poebene – in erster Linie ein gebirgiges Land mit vielen Tälern ist, die früher wegen der fehlenden Transportmittel kaum Verbindung zum übrigen Land hatten, hat häufig sogar jeder kleine Ort seine eigenen Spezialitäten entwickelt. Die cucina povera, die Kost der Arbeiter und Bauern, stützte sich auf das, was auf dem lokalen Markt angeboten und in der Umgebung gejagt und gefischt wurde. Aus dem wenigen Vorhandenen bereitete man schmackhafte Speisen, und die Rezepte wurden in Familien von einer Generation zur nächsten weitergegeben. Zugleich entwickelte sich die Küche der Oberschicht, der Kaufmannsfamilien und Großgrundbesitzer, die zum einen regional geprägt war, zum anderen durch die Küche der jeweiligen Fremdherrscher beeinflusst wurde. So gab es Bourbonen in Neapel und Sizilien, Franzosen im Piemont und im Aostatal, Lothringer in der Toskana – und die Österreicher prägten die Küche in der Lombardei, in Venetien und in Südtirol. Mit zunehmenden Kommunikationsmöglichkeiten begannen sich nach dem Zweiten Weltkrieg die arme und die reiche Küche einander anzunähern. Viele Bauern verließen das Land und zogen in die Städte, um dort besser bezahlte Arbeit zu finden; vor allem die Süditaliener versuchten im industrialisierten Norden ihr Glück. Sie brachten ihre regionalen Küchen mit. Gleichzeitig veränderten moderne Konservierungsverfahren und bessere Transportmöglichkeiten die traditionellen Essgewohnheiten, so dass mit der Zeit eine »italienische« Küche entstand – Gerichte, die man inzwischen in allen Regionen des Landes findet.

Piemont Oft wird behauptet, die piemontesische Küche sei von der französischen beeinflusst worden. Doch ist es vielmehr so, dass beide Küchen viele Gemeinsamkeiten haben, denn das Piemont und die Gebiete von *Savoyen* und *Nizza* standen acht Jahrhunderte unter der gleichen Herrschaft.
In der traditionellen Küche des Piemont herrschen sechs Zutaten vor: Reis, Butter, Milch, Käse, Knoblauch und Trüffel, von denen die klassische Fonduta gleich vier enthält. Oft wird als siebente Zutat der (nicht verzehrbare) Bindfaden genannt – stellvertretend für die zahllosen Braten und Geflügel, die damit zusammengebunden werden.
Ihren vollen Duft entfaltet die piemontesische Küche im Herbst – mit Wildgerichten, frischen Nüssen, Trauben, Trüffeln und Wein, den man in dieser Gegend in bester Qualität findet. Den Reis isst man als Risotto, in Suppen, als Beilage, in Salaten, Füllungen und als Süßspeise. Milch und Sahne verwendet man in vielerlei Suppen, Saucen und Süßspeisen.
Bevor sich auch in Norditalien der südliche Einfluss geltend machte, kannte man im Piemont nur wenige Nudelgerichte, etwa die *agnolotti* (gefüllte Teigtaschen) und die *taglierini* (schmale Bandnudeln).
In jedem Fall zieht man hier eine kräftige Fleischbrühe mit Einlage als Eingangsgericht vor.
Nach wie vor spielt die Butter in dieser Küche eine wichtige Rolle; Olivenöl kannte man im Piemont früher nicht, weil in dieser Gegend keine Olivenbäume wachsen.
In der piemontesischen Küche liebt man nicht nur bei den Fleischgerichten kräftige Aromen. Böse Zungen behaupten, die Piemonteser seien deshalb so wortkarg, weil sie den Gesprächspartner mit ihrem Knoblauchatem verschonen möchten.
Vielleicht haben sie gerade *bagna caôda* gegessen, eines der berühmtesten piemontesischen Gerichte, zu dem nicht nur sehr viel Knoblauch gehört, sondern auch reichlich rohes Gemüse – eine weitere große Vorliebe der Piemonteser.
Eine Reihe von köstlichen Käsen ist in dieser Region beheimatet, etwa der *robiola, toma* oder *reblochon,* und auch der ursprünglich in der Lombardei beheimatete *gorgonzola* wird hier in großen Mengen hergestellt. Darüber hinaus sind die Piemontesen berühmt für ihre köstlichen Süßigkeiten, wobei jede Stadt ihre eigene Spezialität hat: Die *amaretti* sind

Makronen aus bitteren Mandeln, *brutti ma buoni* (»hässlich, aber gut«) bestehen aus Mandeln und Nüssen, die *cuneesi* sind in Rum getränktes Schokoladenkonfekt, und Turin ist berühmt für vielerlei Pralinensorten.
Auch die *grissini,* die dünnen knusprigen Stangen aus Brotteig, sind eine gastronomische Erfindung des Piemont.

Aostatal Dieses Tal im Hochgebirge hatte jahrhundertelang nur wenig Verbindung zur übrigen Welt, weil es völlig abseits der wichtigen Verbindungsstraßen und der großen Städte lag. Aus diesem Grund entwickelte sich eine handfeste bäuerliche Küche – in erster Linie mit Käse und Wild, außerdem Forellen und Renken aus den Flüssen der Gebirgsseen, Pilze, Kastanien, Himbeeren und Blaubeeren, Martin sec-Birnen und Reinetten. Ursprünglich kannte man hier weder Nudelgerichte noch Olivenöl. Das Essen wird meist mit einer Brot- oder Reissuppe eingeleitet, deshalb spielt eine gute Fleischbrühe in dieser Region eine wichtige Rolle.
Unter den Käsen ist der berühmteste der *fontina,* der in vielen Gerichten verwendet wird, seinen vollen Geschmack in der *fonduta* entfaltet und häufig auch die Polenta würzt.
Das typische Brot des Aostatals ist ein rundes Roggenbrot, das früher nur einmal im Jahr gebacken wurde. Man lässt es hart werden und schneidet es dann mit einem besonderen Brotschneider auf. Mittlerweile ist der Wildbestand auch im Aostatal stark zurückgegangen. Die *mocetta,* eine klassische Spezialität, wurde früher aus Steinbockfleisch zubereitet, heute meist aus Gams- oder Ziegenfleisch: Das Fleisch wird kräftig gewürzt, gepökelt und getrocknet und dann wie ein Schinken aufgeschnitten. Ein weiteres klassisches Gericht, die *carbonade,* ist ein Ragout aus gepökeltem Rindfleisch, das mit vielen Zwiebeln und Rotwein zubereitet wird. Im Aostatal gibt es nur wenige typische Süßspeisen.

Lombardei Die Lombardei ist eine sehr große Region, deren neun Provinzen sich sowohl landschaftlich als auch wirtschaftlich stark voneinander unterscheiden. Man kann deshalb kaum von einer einheitlichen lombardischen Küche sprechen, sondern vielmehr von den Spezialitäten der einzelnen Provinzen. So ernährt

man sich in der Großstadt Mailand natürlich mehr von Industrieprodukten als im gebirgigen Veltlin. An den Seen der Voralpen bereichern Fische den Speiseplan, während in den Provinzen Brescia und Bergamo der venezianische Einfluss unverkennbar ist, da sie früher unter der Herrschaft Venedigs standen.
Einige Gemeinsamkeiten gibt es aber doch: Im Allgemeinen zieht man den Reis den Nudeln vor, sei es in Form von Risotto oder in der Suppe, in den Provinzen Brescia und Bergamo zeigt sich in der Vorliebe für Polenta die venezianische Tradition. Häufig kommt Käse zum Nachtisch auf den Tisch, *per pulirsi la bocca,* um sich den Mund zu reinigen, es wird lieber Butter als Öl zum Kochen verwendet, und in fast allen Provinzen kocht man gerne mit Sahne.
Die Lombardei produziert den größten Teil der italienischen Butter, und ihre Käseindustrie ist von so beachtlichem Ausmaß, dass sie nicht nur den inländischen Bedarf deckt, sondern auch einen großen Teil exportiert, etwa *grana* (Parmesan), *gorgonzola, mascarpone, robiola, provolone padano* (Räucherkäse) oder *bel paese.*
In Mailand noch wirklich traditionelle Spezialitäten zu finden ist schwierig geworden. Hingegen sind hier die Küchen vieler anderer Regionen vertreten. Doch wenn man das richtige Restaurant findet, kann man noch typische Gerichte kosten wie Kichererbsen mit Schweinskopf, gebratene Rinderkroketten, gefüllten Truthahn oder gekochte Kalbsfüße.
Einige lombardische Spezialitäten sind zu Klassikern geworden, die man in ganz Italien und über die Grenzen hinaus kennt, so etwa die *zuppa alla pavese,* das *risotto alla milanese,* die *costoletta alla milanese,* die *bresaola, ossobuco* (den man auch in der Emilia Romagna kennt), der köstliche Wein aus dem Veltlin und nicht zuletzt die beiden berühmten Mailänder Kuchen *panettone* und *colomba.*
Der traditionelle Weihnachtskuchen *panettone* ist ein lockerer Napfkuchen aus Hefeteig. Auch die *colomba* ist ein feiner Hefekuchen in Form einer Taube, in der Regel mit grobem Zucker und Mandeln belegt, der traditionell am Ostersonntag gegessen wird.

Südtirol und das Trentino In dieser Region, in der das deutschsprachige Südtirol und das italienischsprachige Trentino zusammengeschlossen sind, leben auch zwei Küchen nebeneinander:

zum einen die stark von Österreich bestimmte Bozener Küche, zum anderen die Trientiner Küche, die in ihren Grundzügen venezianisch ist. Durch den Zuzug vieler Süditaliener hat auch die Pasta Eingang in die Südtiroler Küche gefunden. In der Regel zieht man als ersten Gang aber die Suppe vor – häufig in Kombination mit Knödeln.
Eine wesentliche Rolle in dieser Küche spielt der sehr aromatische, meist in vielerlei Kräutern gewürzte Räucherspeck. Räucherfleisch wird nicht nur aufgeschnitten, sondern gerne auch gekocht serviert – am liebsten mit Kraut.
An Brotsorten gibt es das *Meraner Brot,* ein dunkleres Mischbrot und die *Vintschger,* kleine, flache Fladenbrote, die die Senner traditionell mit auf die Alm genommen haben. Und es gibt das *Schüttelbrot,* ein sehr dünnes, hartes Brot.
Beiden Provinzen ist die Vorliebe für Kohl und Kartoffeln gemeinsam, ebenso für Pilzgerichte und Wild, für die Graupensuppe oder die köstlichen Apfelküchlein.
Mit Trauben und Äpfeln werden viele Süßspeisen und Kuchen zubereitet. Hier zeigt sich nicht nur in Krapfen und Strudeln der österreichische Einfluss.
Für Deutsche und Österreicher ist das Trentino das eigentlich Eingangstor zum Süden. Am Gardasee mit seinem milden Klima wachsen nicht nur Zitrusfrüchte, sondern es wird auch ein äußerst leichtes Olivenöl hergestellt.
Die vielen Wasserläufe und die fast 300 Seen des Trentino liefern Forellen, Saiblinge, Barben, Äschen, Aale und eine Vielzahl anderer Fische. Auch Stockfisch findet man in mehreren Zubereitungsarten.

Venetien Vier Hauptzutaten bestimmen seit Jahrhunderten die Küche Venetiens: Maismehl, Reis, Bohnen und Stockfisch.
Die Venezianer bereiteten ihre Polenta aus Kichererbsen, Hirse, Buchweizen oder Saubohnen, bis venezianische Seefahrer im 16. Jahrhundert in Sizilien den Mais entdeckten. Da die Venezianer alles, was ihnen fremd war, türkisch nannten, erhielt er die Bezeichnung *granoturco,* die noch heute in ganz Italien gilt. Auf der Stelle versuchten sie auch aus diesem Getreide Polenta zuzubereiten und waren von dem Ergebnis so begeistert, dass sie sogleich mit dem Maisanbau begannen.
Durch ihren Handel mit dem Orient hatten die Venezianer den Reis schon sehr früh kennen gelernt und ihn in großen Mengen eingeführt, so dass es in

Venedig bereits eine Reihe von Reisgerichten gab, als man auf einer italienischen Halbinsel mit einem intensiveren Reisanbau begann. Das wohl berühmteste aller Reisgerichte ist das *risi e bisi* (Reis mit Erbsen). Auch die Vorliebe der Venezianer für Bohnen geht wahrscheinlich auf das 16. Jahrhundert zurück. Von den ursprünglich aus Italien stammenden weißen Bohnen brachten die Spanier Papst Clemens VII. eine große Menge mit, und dieser schenkte sie weiter, und so gelang er auch zu den Bauern. Der Anbau verbreitete sich bald in ganz Venetien, und Bohnen wurden zum Bestandteil vieler Gerichte, davon das berühmteste die *pasta e fagoli* (Nudeln mit Bohnen).
Die Vorliebe für Gemüse in Venetien ist besonders ausgeprägt.
Bei den Hauptgerichten dominieren zum einen Fisch und Krustentiere, die zum großen Teil aus den Strandseen stammen, zum anderen mag man hier besonders gern Geflügel aller Art, Kaninchen und wild lebende Vögel.
Zu den bekannten Wurstspezialitäten gehören die *bòndola,* eine köstliche Räucherwurst, und die mit kandierten Früchten und Sultaninen angereicherten Blutwürste.
Unter den Käsen ist an erster Stelle der *asiago* von der gleichnamigen Hochebene zu nennen. Bekanntestes Gebäck sind die *baicoli,* eine Art süßer Zwieback, den man gerne in kalte Cremes eintaucht, und *figassa,* ein Hefekuchen mit vielerlei Gewürzen, der zu Ostern auf den Tisch kommt.

Friaul und Julisch Venetien In diesem äußersten östlichen Zipfel Italiens bestehen zwei Küchen nebeneinander: die Triestiner und die des Friaul. Triest war einst ein bedeutender Hafen der österreichisch-ungarischen Monarchie, so dass sich in dieser Küche venezianische, österreichische, ungarische, griechische, slawische und hebräische Einflüsse mischen. Die beiden Küchen haben sich im Laufe der Zeit stark einander angenähert, doch kann man von der des abgelegenen, eher armen Friaul sagen, dass sie ursprünglich im Wesentlichen von einfachen bäuerlichen Grundnahrungsmitteln wie Kartoffeln, Gerste, Mais, Rüben und Schweinefleisch bestimmt war. In der ganzen Region ist jedoch der venezianische Einfluss spürbar, denn auch hier besteht eine ausgeprägte Vorliebe für weiße Bohnen, Polenta und Reis.

Suppen gibt es in dieser Provinz in vielen Varianten – in Verbindung mit Teigwaren, Reis oder Knödeln, dicke Gemüsesuppen, Fischsuppen und vor allem Bohnensuppen.
Typisch sind auch Teig- und Reisgerichte wie Nudeln mit Mohnsauce, Milchreis, Quarkstrudel oder Pflaumenknödel, aber auch Fischrisotto, Semmelknödel mit Schinken, Nudeln mit Thunfisch oder Sardellen. Beliebt ist auch die Polenta. Ein typisches Pastagericht aus dem Friaul sind die *cialzons,* Teigtäschchen in Form von kleinen Hüten, die niemals mit Fleisch gefüllt werden, sondern z.B. mit Räucherquark oder Spinat, vermischt mit Eiern, Sultaninen, Schokolade, kandierten Früchten und kräftigen Gewürzen.
Zweifellos sehr bekannt für das Friaul ist der Schinken von San Daniele, doch werden aus der Zwergschweinrasse dieser Gegend auch köstliche Würste hergestellt. Guter, frischer Schafskäse ist eine weitere Spezialität dieser Gegend, ebenso der *montasio,* ein Almkäse aus Kuhmilch, der sich nach einjähriger Lagerzeit auch als Reibekäse eignet.
Der bekannteste Kuchen ist die *Triestiner Torte,* u.a. gefüllt mit Mandeln, Nüssen und Sultaninen.

Ligurien Ligurien, das sich in einem schmalen Band entlang der Küste zieht, ist eine im Wesentlichen gebirgige Region, die nur dicht am Meer ein wenig ebenes Land hat und deshalb keine Rinderzucht erlaubt.
Aufgrund des sehr milden Klimas können die Ligurer mehrmals jährlich ernten. Hier legt man größten Wert auf gutes Gemüse, das in dieser Region in besonders guter Qualität wächst. So wächst hier nicht nur Borretsch wild, sondern auch die *erbette,* eine kleine Mangoldart, und beide sind Bestandteil vieler Gerichte. Pilzesammeln gehört noch immer zu den schönsten Sonntagsvergnügen, und die Pilze, vor allem die getrockneten Steinpilze, spielen fast in jedem *sugo* eine wichtige Rolle. Weitere wichtige Zutaten sind Pinienkerne und Sardellen.
Im subtropischen Klima gedeihen auch die Olivenbäume sehr gut.
Mit Fisch ist das ligurische Meer nicht mehr so großzügig, doch findet man noch genügend Sardinen, Sardellen, rote Seebarben und Muscheln. Deshalb spielt auch hier der Stockfisch eine Rolle.
Die eigentlichen Erfinder der *ravioli* sind die Ligurer, die sie als Gebäck aus Brotteig mit Quarkfüllung kennen gelernt haben.

Die Genueser übernahmen diese Technik, füllten den Nudelteig jedoch mit einer pikanten Farce und servieren die Täschchen heute mit einem *sugo,* mit Butter oder auch mit Salbei und Parmesan. Von den *ravioli* leiten sich alle anderen gefüllten Nudeln ab. Eine besondere ligurische Spezialität sind die *pansôti,* die mit Quark, Ei, Käse und Kräutern gefüllt werden. Knoblauch liebt man in Ligurien über alles. Er spielt auch eine wichtige Rolle im berühmtesten Gericht, dem *pesto.*
Unübertroffen sind auch die pikanten Gemüsetorten, etwa die *torta pasqualina.* Und der neapolitanischen Pizza setzen die Ligurer ihre *focaccia, pizzalandrea* und *farinata* entgegen.

Emilia Romagna Die Küche der Emilia Romagna ist die reichste und üppigste im ganzen Land. Diese beiden Regionen unterscheiden sich geographisch sehr stark voneinander: Während die Emilia vorwiegend eben ist, wird die Romagna zum Teil schon vom Apennin durchzogen und hat eine längere Küstenlinie – deshalb auch mehr Fischrezepte.
Die Stadt Bologna hat zwei Beinamen, die sie zum einen ihrer berühmten alten Universität und zum anderen ihrer guten, üppigen Küche verdankt: *la dotta,* die Gelehrte, und *la grassa,* die Fette.
In der ganzen Region liebt man gefüllte Teigwaren, die häufig noch hausgemacht werden und sich von Provinz zu Provinz in Form und Füllung unterscheiden: die *anolini* in den Provinzen Parma und Piacenza, die *cappelletti* in der Provinz Reggio, die *ravioli* in Modena und die *tortelli* in Bologna.
Auffallend ist die Vorliebe für Fleisch – egal. ob in Vorspeisen oder Hauptgerichten. Hier hat das *ragù,* die Fleischsauce zur Pasta, seine eigentliche Heimat. Doch liebt man auch gehaltvolle Sahnesaucen.
Bologna ist berühmt für seine *mortadella,* Ferrara für die *salame da sugo,* Modena für den *zampone,* Reggio nell'Emilia für den *zucco,* Piacenza für den *capocollo* und Parma für Schinken, Salami und Schinkenwurst. Parma hat nicht nur dem berühmten luftgetrockneten Schinken seinen Namen gegeben, sondern auch dem Parmesankäse. Dieser wird heute jedoch vorwiegend in der Provinz Reggio hergestellt, der echte Parmesan wird *parmigiano reggiano* genannt. Ein anderer typischer Käse ist der *raviggiolo,* ein fladenförmischer Frischkäse.

Toskana Im Wesentlichen kocht man in der Toskana leicht, fettarm und dennoch würzig. Dabei werden kaum tierische Fette verwendet, sondern Olivenöl, das in allen Provinzen in sehr guter Qualität erhältlich ist. Außerdem spielen die Gewürzkräuter eine wichtige Rolle: Rosmarin, Salbei, Thymian, Oregano, Majoran, Minze, Estragon, aber auch Fenchelsamen, Zimt und Gewürznelken. Wichtig sind aber auch der Pfeffer, die Pfefferschoten und vor allem Knoblauch. Gemüse liebt man hier über alles, und an erster Stelle stehen weiße Bohnen und Tomaten. Köstlich sind die Suppen, unter anderem die Bohnensuppe, die Tomatensuppe und die *ribollita*.
Wichtige Zutat ist das köstliche, fast salzlose toskanische Landbrot, das nicht nur wunderbar zu würziger Wurst oder Schinken schmeckt, sondern auch in der und zur Suppe, und aus dem man als Vorspeise die köstlichen *crostini* bereitet. Fleisch grillt man hier mit Vorliebe am Spieß oder auf dem Rost.
Auch Hühnergerichte werden hier häufig zubereitet, und in der Pfanne Ausgebackenes liebt man in allen Variationen. Die Wurstwaren der Toskana sind ausgezeichnet, doch außerhalb der Region nicht sehr bekannt, weil sie kaum exportiert werden – man isst sie lieber selbst –, etwa die *finocchiona*, eine mit Fenchelsamen gewürzte Mortadellawurst, die pikant gewürzten *zenzero*-Würste aus Siena, die mit Wacholder geräucherten Schinken aus dem Casentino, Salami und Wildschweinschinken aus verschiedenen Regionen.
Die meisten Käse werden aus Schafsmilch hergestellt, so der *pecorino* und der *marzolino*; aus Kuhmilch dagegen *raviggiolo* und *brancolino*.
Außerdem gibt es eine Reihe von köstlichen Süßspeisen und Backwaren, von denen die bekanntesten aus der Provinz Siena stammen, etwa der *panforte*, der auch in alle anderen Regionen Italiens und ins Ausland exportiert wird.

Marken Von den Marken sagt man, alle Landschaften Italiens wiederholten sich in dieser Region. Der Apennin läuft hier in grünen Hügeln aus, die oft bis dicht an die häufig felsige Küste reichen. Der größte Teil der italienischen Regionen grenzt ans Meer, aber in keiner gibt es so viele Fischsuppen wie in den Marken.
Ebenso wird die Pasta in dieser Region sehr geschätzt, und man

findet sie häufig noch hausgemacht: *tagliatelle* mit Fleischsauce, *cappelletti*, gefüllt mit verschiedenen Fleisch- und Geflügelsorten, mit Ricotta gefüllte *ravioli*, die gerne in Fischsauce serviert werden, und vor allem die *vincisgrassi* – große Nudelflecken ähnlich den *lasagne*, die abwechselnd mit einer Sauce aus Hühnerleber und Pilzen in eine Form geschichtet, mit Bechamelsauce überdeckt und im Ofen überbacken werden.
Großer Beliebtheit erfreut sich auch die Polenta, die auf verschiedene Arten serviert wird.
Fleisch und Gemüse bereitet man gerne mit würzigen Füllungen zu, besonders das allerorts heißgeliebte Spanferkel, eine echte Spezialität der Marken.
Sehr schmackhaft sind die Käse wie *pecorino*, *slattato* oder *raviggiolo bazzott*, die häufig noch auf althergebrachte Weise hergestellt werden. So wickelt man in Talamello den Schafskäse in Nussblätter ein und lässt ihn in der Tropfsteinhöhle reifen.

Umbrien Umbrien ist keine Region der raffinierten Genüsse – sieht man einmal von den Trüffeln ab, besonders den schwarzen Trüffeln aus Norcia –, sondern hier bevorzugt man Gerichte mit eindeutigem Geschmack und unverfälschten Gewürzen.
Rindfleisch, Spanferkel, Zicklein, Lämmer, Wildtauben, Perlhühner, Fasane, Hasen, Bachforellen und die Fische aus dem Trasimenischen See werden mit Vorliebe am Spieß, auf dem Rost oder im Ofen gebraten.
Wie Südtirol-Trentino, das Aostatal, Piemont und die Lombardei hat auch Umbrien keinerlei Zugang zum Meer. Deshalb kennt man in dieser Region nur Süßwasserfische wie Bachforellen oder die Fische aus dem Trasimenischen See, vor allem Karpfen, Hecht, Aal und Rotauge.
Teigwaren, die auch in dieser Küche einen wichtigen Platz haben, würzt man gerne mit schwarzen oder weißen Trüffeln, die hier früher in großer Menge vorkamen. Doch wie in den anderen Trüffelregionen auch ist der Ertrag inzwischen stark zurückgegangen.
In Umbrien isst man gerne und viel Gemüse, vor allem wilden grünen Spargel und Feldzichorie, Zwiebeln (köstlich ist eine *cipollata*, eine Zwiebelsuppe), Kardonen (essbare Disteln), Erbsen, grüne Bohnen und Salat.
Außerdem wird hier eine Vielzahl von Wurst- und Schinkenspezialitäten hergestellt.

Viel Phantasie haben die Umbrer auch bei Süßspeisen und Backwaren entwickelt, und zu allen wichtigen Festen haben sie besondere Spezialitäten erfunden.

Latium Rom und das umliegende Latium haben längst nicht so viele eigene Spezialitäten entwickelt wie die anderen Regionen, doch isst man hier gut und gerne. Die Küche ist kräftig und gehaltvoll. Über viele Jahrhunderte hatte die Schafzucht Tradition, und so ist das *abbacchio*, das Milchlamm, eines der berühmtesten Gerichte der römischen Küche. Es wird gebraten oder *alla cacciatora* – auf Jägerinart – in einer Sauce aus Weißwein, Sardellen, Knoblauch, Rosmarin und scharfen Pfefferschoten geschmort. Auch Huhn, Truthahn und Kaninchen werden gerne auf diese Weise zubereitet. Berühmt sind auch die *saltimbocca alla romana* – Kalbsschnitzel auf römische Art.
Ursprünglich kochte man hier mit Schmalz und Speck, weit weniger mit Öl, und auch heute noch kaum mit Butter. Aromatische Kräuter werden hier oft und gerne verwendet, und man würzt mit Vorliebe mit *peperoncini*, den scharfen kleinen Pfefferschoten, sowie Knoblauch und Zwiebeln.
Während Reis hier weit weniger häufig verzehrt wird, ist die Pasta dagegen äußerst beliebt.
Auffallend in dieser Region ist die Vorliebe für Salat, und auch gemische Salate aus wildwachsenden oder angebauten Pflanzen isst man gern, dabei vor allem den Rucola. Bei den Gemüsen sind vor allem die Artischocken beliebt, außerdem Brokkoli, Erbsen, Bleichsellerie und die heißgeliebten Saubohnen, die man gerne in Verbindung mit römischem *pecorino* zubereitet.
Neben dem Schafskäse spielen Büffelkäse, *provatura* und *ricotta* eine wichtige Rolle, der früher ausschließlich aus Schafsmilch, heute aber häufig aus Kuhmilch hergestellt wird.

Abruzzen und Molise Die Küchen dieser beiden Regionen sind sich sehr ähnlich, denn die Grenzziehung hat weniger historische oder geographische als vielmehr verwaltungsmäßige Gründe. Sprichwörtlich ist die Gastfreundschaft der Abruzzesen. Im Alltag isst man in der Regel bescheiden, doch an Festtagen tafelt man wie eh und je endlos und mit Hingabe. Was die Zutaten angeht, liebt man hier das Feuer auf der Zunge, und deshalb darf hier der *diavolino*,

der kleine rote Teufel – sprich die Pfefferschote –, in keinem Gericht fehlen. Oft geht man so großzügig damit um, dass ein Gast aus dem Norden schier an die Decke springen möchte, weil er die rote Beigabe in den Nudeln nichtsahnend für Tomaten hielt.
Eine echte Besonderheit dieser Region ist der Safran, der in der Provinz L'Aquila angebaut und nur in einem einzigen Gericht, dem *scapece di vasto*, mariniertem Fisch, verwendet wird.
Die kräftige Küche dieser Region geht im Wesentlichen auf bäuerliche Tradition zurück, denn neben dem Ackerbau betrieb man Viehzucht und hielt vor allem Schafe und Ziegen. Aus diesem Grund spielt das Fleisch dieser Tiere eine wichtige Rolle: Am liebsten brät man es am Spieß, aber man schmort es auch in einem *soffritto* aus Öl, Speck, Zwiebeln, Salbei, Petersilie und natürlich *peperoncino*.
Unter den vielen hausgemachten Nudelgerichten stehen an erster Stelle die *maccheroni alla chitarra* – damit sind jedoch nicht die röhrenförmigen Nudeln gemeint, sondern Bandnudeln, die mit einem Gerät geschnitten werden, das wie eine Gitarre mit Drähten bespannt ist.
Einer längeren Abhandlung würdig wären die Käse wie *pecorino*, *scamorza* und *caciocavallo* sowie die köstlichen Würste, z. B. *fegato dolce* und *fegato pazzo* (eine süße und eine sehr scharf gewürzte Leberwurst), und der würzige Schinken aus L'Aquila. Ganz zu schweigen von Süßspeisen und Gebäck, die als Basis häufig Nüsse oder Mandeln haben.

Kampanien Die Teigwaren haben in der neapolitanischen Küche einen überaus wichtigen Platz und werden hier auch in hervorragender Qualität industriell gefertigt, was auf die gute Qualität von Getreide und Wasser zurückgeführt wird.
Die Kampanier haben viele Anregungen aus den Küchen der Fremdherrscher aufgenommen, und französische, spanische und sizilianische Einflüsse sind nicht zu übersehen.
Schnelle Gerichte herrschen hier vor, doch werden sie immer mit größter Aufmerksamkeit und Sorgfalt gekocht. Speisen dagegen, die eine lange Zubereitungszeit verlangen, werden meist nur an Sonn- und Feiertagen gekocht, so etwa das berühmte Türsteher-*ragù*, das in einem irdenen Topf stundenlang vor sich hinkochen

und sorgsam überwacht werden muss, oder auch der *sartù*.
Die neapolitanische Sonne lässt unvergleichlich aromatische Gemüse wachsen – vor allem Tomaten –, und die Gerichte werden so gut, weil sie mit Begeisterung zubereitet werden.
Neben dem Gemüse spielt der Käse eine große Rolle, wie z.B. der *mozzarella, burrielli* oder *provolone*. Besonders geglückt ist die Verbindung von Tomate und Mozzarella auf der *pizza*, der berühmtesten neapolitanischen Spezialität, die nirgends so vollendet zubereitet wird wie hier.

Apulien Die Küche Apuliens ist auffallend einheitlich. Der Grund ist, dass fast die gesamte Region sehr eben ist, und so gab es hier in früheren Zeiten auch keine größeren Kommunikations- und Transportschwierigkeiten, so dass sogar die Einflüsse des sehr nahe gelegenen Griechenland in der Küche eingehen konnten.
Ursprünglich war Apulien eine Region der Schafhirten und Fischer. Zwar wurde die früher sehr intensive Schafzucht inzwischen weitgehend durch Getreideanbau ersetzt, doch ist die Vorliebe für Schaf- und Ziegenfleisch erhalten geblieben.
Aus Schweinefleisch bereitet man eine Reihe von Wurstspezialitäten. Mehlprodukte, Öl (das Olivenöl, das aus sehr großen, fetten Oliven gewonnen wird, ist überaus gehaltvoll und intensiv und wird für fast alle Gerichte verwendet), Gemüse, Fisch und Wein sind die Hauptpfeiler dieser Küche.
Berühmt ist das apulische Landbrot, und köstlich sind auch die *frisedde*, doppelt gebackene Brotkringel, die quer durchgeschnitten, in Wasser getaucht und dann mit Öl, Pfeffer, Salz, Tomaten und Zwiebeln gewürzt werden.
Die Pasta-Gerichte und verschiedenen hausgemachten Nudelarten dieser Gegend sind so zahllos, dass man sie unmöglich alle aufzählen kann.
Die Nudeln isst man zwar auch mit Fleisch- oder Fischsaucen, doch am allerliebsten würzt man sie mit wildwachsenden Kräutern und Gartengemüsen.
Eine Spezialität ist das Püree aus Saubohnen, das zusammen mit gedünsteter großblättriger Zichorie serviert und großzügig mit Zitrone und Öl beträufelt wird.
Duch seine fast 800 Kilometer lange Küste ist Apulien überaus reich an Fischgerichten. Berühmt sind die Miesmuscheln und vor

allem die Austern von Taranto, die hier nach einem jahrhundertealten System gezüchtet werden. Bari wiederum ist ebenso bekannt für seine wohlschmeckenden kleinen Polypen wie für seine Goldbrassen, Seezungen und Krebse.
Köstlich schmecken die zahllosen Käsesorten dieser Region – besonders der *ricotta* in vielen, auch abgelagerten Variationen, sowie der *caciocavallo*, *provolone*, *manteca*, *burrate* und natürlich der *pecorino*.
Es mag am griechischen Einfluss liegen, dass man hier so wunderbare Süßigkeiten findet, von denen die meisten auf der Basis von Honig, Mandeln und Nüssen zubereitet werden.

Basilicata Diese Region umfasst die beiden Provinzen Potenza und Matera. Die Küche Potenzas hat vieles mit Kampanien und Kalabrien gemeinsam, während die Küche Materas mehr Ähnlichkeit mit Kalabrien und mit Apulien aufweist.
Die Basilikata war stets eine arme Region – reich nur an Sonne und Pflanzen, die nicht sehr anspruchsvoll sind: Olivenbäume, wildwachsende Kräuter, *peperoncini* und Feigenkakteen.
Fleisch hatte in dieser Küche nie einen großen Platz – die besten Fleischgerichte werden aus Lamm, Hammel, Zicklein oder Ziege bereitet –, doch sind die Wurstwaren der Basilikata seit altersher berühmt. Neben den Schafen grasen in den Bergen auch die mageren Schweine, die köstliches Fleisch liefern. Aus ihnen bereitet man frische oder abgehangene Würste, die man inzwischen in ganz Italien als *luganega* kennt und kopiert.
Für die Pasta, die häufig noch selbst hergestellt wird, wurden zahllose Zubereitungsarten erfunden. Wie in den meisten Gerichten darf auch hier niemals der scharfe *peperoncino* fehlen.
Phantasievoll auch die Gemüsegerichte, die häufig fleischlos zubereitet und gerne im Ofen gegart werden. Hauptzutaten sind Tomaten, Auberginen, Kartoffeln, Paprikaschoten, Saubohnen, aber auch Linsen, Pilze, wildwachsende Spargel sowie Zwiebeln und natürlich Kräuter.
Mandeln, Nüsse, Maronen und Zitrusfrüchte werden viel – und nicht nur für Süßspeisen – verwendet.

Kalabrien Gelobt sei das demütige Schwein, sagt man in Kalabrien. Solange es lebt,

erweist man dem hier heimischen mageren, schwarzen Schwein alle Ehre – und sobald es geschlachtet ist, erst recht, denn man bereitet daraus nicht nur Würste wie *capocollo*, Schinken, Speck, Blutwurst und Presssack (*soppressata*), sondern auch viele andere köstliche Gerichte. Schwein steht unter den Fleischsorten an allererster Stelle – weit vor Schaf und Ziege –, und man brät sein Fleisch am Spieß, auf dem Rost und im Ofen.
Anders als die meisten Italiener, die auf das Frühstück keinen großen Wert legen, hat sich die Landbevölkerung in Kalabrien zum Teil noch die Gewohnheit der äußerst kräftigen Morgenmahlzeit bewahrt, der *murseddu*, die häufig in der Trattoria eingenommen wird: Ein *ragù* aus Kutteln und anderen Innereien, gewürzt mit Wein, Oregano und *peperoncino*, wird in ausgehöhltes, frisch gebackenes Brot gefüllt.
Sehr gerne mag man hier die Auberginen, die man gefüllt zubereitet, die Scheiben in Öl ausbäckt, sie in Tomatensauce schmort oder sie einlegt. Paprikaschoten gart man gerne auf dem Grill, und die wilden kleinen Zwiebeln kocht man in Essigwasser und macht sie mit Öl an. Wie in allen ursprünglich sehr armen Regionen gibt es auch hier eine Vielzahl von einheimischen Nudelsorten, die häufig noch hausgemacht werden.
Die Kalabresen essen auch sehr gerne Fisch. Zwischen März und September wird der Schwertfisch gefangen, im Mai und Juni der Thunfisch, und die Bergseen liefern köstliche Forellen.
Bei Süßspeisen verzichtet man so gut wie nie auf Honig, und mit Vorliebe werden sie in Öl ausgebacken.

Sizilien Die sizilianische Küche ist eine mediterrane Küche auf der Basis von Olivenöl, Pasta, Fisch, Gemüse, Kräutern und Früchten, doch findet man auf dieser Insel Gewürze und Geschmacksverbindungen, die dem übrigen Italien fremd sind.
Die sizilianische Küche ist wahrscheinlich die älteste und vielfältigste Italiens. Die Griechen entwickelten im 4. Jahrhundert v. Chr. in Süditalien, vor allem in Sizilien, eine Kultur (Magna Grecia), die auch die Tafelfreuden beinhaltete, und in alten Texten ist von einer ganzen Reihe berühmter Köche die Rede. Auch Araber, Römer, Franzosen und Spanier haben zur Entstehung dieser Küche beigetragen.

Die Araber bereicherten die Insel auf vielfältige Weise: mit dem Anbau von Zitrusfrüchten, mit Reis oder Zucker. Zur Zeit der Araber entstand außerdem die Pasta. Dass sie eine sizilianische Erfindung ist, bestreitet heute niemand mehr.
Die Griechen brachten den Olivenanbau, den Honig, den frischen Schafskäse und Lamm auf dem Rost. Auf die römische Zeit gehen Gerichte wie gefüllte Tintenfische oder im Ofen gegarte Zwiebeln zurück.
Während der langen spanischen Herrschaft lernten die Sizilianer zuerst die Tomate, danach die Aubergine kennen. Um diese Zeit entstand die äußerst beliebte *caponata*.
Alle Früchte schmecken hier unter der strahlenden Sonne besonders köstlich, und zusammen mit Honig, Mandeln und Pistazien werden sie zu wunderbaren Süßigkeiten, die früher vor allem in den Klöstern hergestellt wurden – eine Tradition, die zum Teil bis heute erhalten geblieben ist.

Sardinien Die sardische Küche ist eine Küche der Hirten und Bauern, die mit ihren alten Bräuchen stark verhaftet sind und deshalb auch an ihren herkömmlichen Gerichten festhalten. Fremde Einflüsse kamen in früheren Zeiten aus Spanien, Ligurien und Sizilien. Obgleich vom Meer umgeben, haben die Sarden seit jeher eine Abneigung dagegen, so dass Fischgerichte selten traditionell sind. Sardinien ist ein Land der Schafhirten, und fast die Hälfte der Insel ist Weideland. Die Küche basiert auf wenigen einfachen Zutaten: Brot, Milch, Käse und gebratenem Fleisch. Vor allem das Brot spielt eine wichtige Rolle.
Kein Wunder, dass hier herrlicher Schafskäse produziert wird, und selbst der römische *pecorino* stammt häufig aus Sardinien.
Fleisch wird nach Hirtenart immer noch gerne am Spieß gebraten und lediglich mit Kräutern gewürzt – Minze, Rosmarin, Myrte, Lorbeer und Salbei –, manchmal auch mit Speck.
Vor allem aus Schweinefleisch werden köstliche Würste zubereitet, die man roh am Spieß brät, mit Gemüse schmort, für die Pastasauce verwendet oder auch abhängen lässt. Außerordentlich schmackhaft ist der Schinken, da die Schweine nach wie vor im Freien gehalten werden und häufig die für sie köstlichen Eicheln fressen können. Auch Wildschweinschinken ist eine sardische Spezialität.

Prosciutto

Verdure ripiene alla ligure

Carpaccio al peperon

Sfogi in saòr

Spuma di tonno

Carciofi marinati

Sedano alla San Giovanni

Tartine di carne cruda

Crostini con fegatini di pollo

Carpaccio con gli asparagi

Fichi in crucetta

Pâté d

Insalata di carne cruda

Cucculi

crudo e melone

Antipasti
Vorspeisen

Sie sollen den Appetit anregen. Es sind leckere Kleinigkeiten, die einstimmen auf die nächsten Gänge. Es können schnelle Vorspeisen oder pikante Snacks zum Aperitif sein – »stuzzicarelli« nennen sie die Römer. Zu den Antipasti werden auch klein geschnittene Pizze, Focaccia oder Gemüsetorten gezählt, die Sie im Kapitel Pizza finden (ab Seite 50). Ebenso eignen sich gut klein geschnittene Frittate – im Kapitel Eier- und Käsegerichte (ab Seite 244) oder auch verschiedene kleine Gemüsegänge ab Seite 86.

Wenn nicht anders angegeben, sind alle Rezepte für 4 Portionen berechnet.

fegato alla veneziana

alla piemontese

Prosciutto crudo e melone

Roher Schinken mit Zuckermelone

1 große, reife Zuckermelone

200 g Parmaschinken in hauchdünnen Scheiben

1 Die Melone mindestens 2 Stunden in den Kühlschrank legen, anschließend längs halbieren, die Kerne mit einem Löffel auskratzen und die Melonenhälften in beliebig viele Spalten schneiden.

2 Die Melonenspalten schälen und die Fruchtschnitze sternförmig auf einer Platte anordnen, nach Belieben die Schalen darunterlegen. Den Schinken extra servieren.

Dauert etwa 15 Minuten

Diese wohl bekannteste italienische Vorspeise darf hier nicht fehlen, weil sie vor allem im Sommer wunderbar schmeckt und keinerlei Kochkunst bedarf. Statt Parmaschinken können Sie auch einen anderen guten luftgetrockneten italienischen Schinken servieren.

Zur Abwechslung

- Statt der Melone können Sie auch 12 bis 16 gekühlte und geschälte reife Feigen zusammen mit dem Schinken anrichten.
- Zum rohen Schinken schmecken auch junge Saubohnen frisch aus der Schale, die in Italien sehr beliebt sind und oft auch mit pikantem Pecorino oder mit scharf gewürzter Salami serviert werden.
- Oder Sie bereiten gleich eine ganze Platte mit Wurst- und Schinkenspezialitäten vor, zum Beispiel Parmaschinken, Prosciutto di San Daniele, gekochten Schinken, Südtiroler Speck, Bresaola, Mortadella, verschiedene Salamisorten (Salame napoletano, milanese und di cinghiale), Soppressata, Coppa und Lingua salmistrata. Die fein geschnittenen Scheiben können Sie auf gemischten Salatblättern anrichten und nach Belieben eingelegtes Gemüse dazu reichen.

Tipp **Sie können die Melonenschnitze auch in mundgerechte Würfel schneiden und mit je einer eingerollten Schinkenscheibe auf Spießchen stecken.**

Sfogi in saôr
Seezunge sauer eingelegt

1 kg möglichst kleine Seezungen, küchenfertig vorbereitet

Mehl zum Wenden

Olivenöl extra vergine

1 kg Zwiebeln

1/4 l guter Weißweinessig

1/2 l Weißwein

100 g Sultaninen

50 g Pinienkerne

2 Lorbeerblätter

1 EL Pfefferkörner

Salz

Info **Sfogi in saôr ist eine Abwandlung eines der traditionellsten venezianischen Gerichte: Sarde in saôr. Statt Sardinen werden hier allerdings die weniger fetten Seezungen verwendet.**

1 Die Seezungen waschen und trockentupfen. Leicht in Mehl wenden und in heißem Olivenöl goldbraun braten. Den Fisch herausnehmen und auf Küchenkrepp abtropfen lassen.

2 Die Zwiebeln abziehen, grob hacken und mit wenig Öl in der gleichen Pfanne glasig dünsten. Mit dem Essig ablöschen, auch den Wein und die übrigen Zutaten hinzugeben, und die Zwiebeln 15 Minuten leicht schmoren lassen.

3 Die Fische in eine Glasform einschichten und jede Lage mit der noch warmen Zwiebelsauce begießen. Vor dem Servieren mindestens 1 Tag durchziehen lassen.

Dauert etwa 40 Minuten

Sedano alla San Giovanni

Sellerie nach San Giovanni

1 Den Sellerie putzen und jeweils in 3 bis 4 gleich große Stücke schneiden.

2 Den Eidotter mit Sardellenfilets, Kapern, Cornichon, Petersilie, Estragon, Cayennepfeffer und Zitronensaft im Mixer pürieren. Nach und nach so viel Öl hinzufügen, dass eine geschmeidige Sauce entsteht. Nach Belieben noch einmal mit Salz und Gewürzen abschmecken.

3 Den Dip auf 4 kleine Portionsschälchen verteilen und Selleriestücke, Parmesan und Brot dazu servieren.

Dauert etwa 15 Minuten

Info Dieser Dip hat seinen Ursprung im Piemont. Er ist als kleiner Appetitanreger zusammen mit einem trockenen Weißwein oder Prosecco gedacht. Doch können Sie den Sellerie sehr gut auch als Mitternachtsimbiss oder als richtige Vorspeise servieren, wenn Sie die Mengen entsprechend erhöhen.

4 Stangen Bleichsellerie

1 hartgekochter Eidotter

1-2 Sardellenfilets, kleingehackt

1 TL Kapern

1 Cornichon, kleingehackt

etwas Petersilie, fein gehackt

1 Prise frischer oder getrockneter Estragon

1 Prise Cayennepfeffer (oder etwas frischer oder getrockneter Peperone)

1 Spritzer Zitronensaft

Olivenöl extra vergine

evtl. Salz

100 g Parmesan, fein gehobelt oder in Splittern

4 Brötchen (oder Toastscheiben)

Porro al vino
Porree in Wein

1 kg nicht zu dicke Porreestangen

1 Bund Petersilie

6 EL Olivenöl extra vergine

Saft von 1 Zitrone

gut 1/4 l trockener Weißwein

1 EL Korianderkörner

reichlich frischer (oder 1 EL getrockneter) Thymian

5 Lorbeerblätter

Salz

Pfeffer aus der Mühle

1 Zitrone in Scheiben

1 Den Wurzelansatz und die dunkelgrünen Teile vom Porree abschneiden und die Stangen gründlich waschen.

2 Die Petersilie waschen und die Blättchen abzupfen. Alle weiteren Zutaten mit der Petersilie in einen großen Topf geben, aufkochen und auf kleiner Flamme einige Minuten leicht kochen lassen.

3 Die Porreestangen zufügen und etwa 20 Minuten dünsten. Sie sollten vom Sud bedeckt sein, andernfalls noch etwas Wein nachgießen.

4 Den Porree herausnehmen und in einer flachen, länglichen Schüssel anrichten. Mit etwas Sud übergießen und mit Zitronenscheiben garnieren.

Dauert etwa 40 Minuten

Zur Abwechslung Nach Belieben können Sie den Porree zusätzlich oder alternativ mit hartgekochtem gehacktem Ei garnieren.

Carciofi marinati
Eingelegte Artischocken

1 Die Artischockenherzen mit dem Zitronensaft, dem Öl sowie Salz und Pfeffer vermischen und gut durchziehen lassen.

2 Vor dem Servieren alles noch einmal gut durchmischen und nach Bedarf nachwürzen oder noch etwas Zitronensaft hinzufügen.

Dauert etwa 10 Minuten

Zur Abwechslung

- Für gefüllte Artischockenböden (Fondi di carciofi ripieni) lassen Sie 8 bis 12 Artischockenböden in der gleichen Marinade wie die Herzen durchziehen, nur ohne Petersilie und Knoblauch. Anschließend können Sie sie nach Belieben mit Leberpastete (siehe Seite 36) und Champignonscheibchen oder mit Wurst- oder Schinkenscheiben oder mit marinierten Muscheln oder auch mit fein gehacktem und mit Kräutern vermischtem Caprino oder Pecorino füllen.
- Besonders apart schmeckt auch eine Krabbenfüllung auf einer leichten Schicht von Mayonnaise, die Sie mit 1 Schuss Cognac, etwas Tomatenmark und 1 Spritzer Tabasco anrühren.

8 frische, ganz junge Artischockenherzen (oder Artischockenherzen aus der Dose)

Saft von 1/2 Zitrone

4 EL Olivenöl extra vergine

Salz

Pfeffer aus der Mühle

1 Knoblauchzehe, fein gehackt

1 EL frische Petersilie, gehackt (oder Minze)

evtl. 1/2 frischer Peperone, entkernt und fein gehackt

evtl. 1 kleiner Schuss trockener Marsala (oder Sherry)

Peperoni arrostiti all'olio
Gebackene Paprikaschoten in Öl

4 große Paprikaschoten (rot, grün und gelb gemischt)
2–4 Knoblauchzehen
1 Bund Petersilie
Salz
Pfeffer aus der Mühle
Olivenöl extra vergine

Tipp Die gebackenen Paprikaschoten halten sich ohne weiteres einige Tage im Kühlschrank.

1 Den Backofen auf 180 °C vorheizen. Die Paprikaschoten waschen und gut abtrocknen. In den vorgeheizten Backofen geben und rösten, bis die Haut bräunlich wird. Zwischendurch einmal wenden. Die Schoten herausnehmen und in eine Plastiktüte stecken. Die Tüte gut verschließen und 10 Minuten abkühlen lassen.

2 Den Paprika abziehen, von Strunk, Rippen und Kernen befreien und in etwa 3 Zentimeter breite Längsstreifen schneiden.

3 Den Knoblauch abziehen, die Petersilienblätter abzupfen und beides fein hacken.

4 Die Paprikastreifen schichtweise auf einer Platte oder in einer länglichen Schüssel anrichten. Jede Schicht mit Salz, Pfeffer, Knoblauch und Petersilie bestreuen.

5 Reichlich Öl darüberträufeln und das Gemüse mehrere Stunden, besser noch über Nacht, ziehen lassen.

Dauert etwa 45 Minuten

Carpaccio con gli asparagi
Carpaccio mit Spargel

1 Den Spargel schälen und schräg in dünne Scheiben schneiden. Aus Essig, Salz, Pfeffer, Zucker und Öl eine Vinaigrette rühren und den Spargel 20 Minuten darin marinieren.

2 Inzwischen das Basilikum waschen und trockentupfen, die Blätter abzupfen. Das Filet in einer flachen Schüssel anrichten.

3 Den Spargel samt Vinaigrette über dem Fleisch verteilen und mit den Basilikumblättchen bestreuen.

Dauert etwa 30 Minuten

Tipp Der grüne italienische Spargel ist besonders kräftig im Aroma, und nur der untere Teil muss geschält werden. Sie können für dieses Rezept aber auch weißen Spargel nehmen.

500 g zarter grüner Spargel

1–2 TL Balsamessig

Salz

Pfeffer aus der Mühle

1 Prise Zucker

4–5 EL Olivenöl extra vergine

1 Bund Basilikum (oder Petersilie)

200 g Rinderfilet, in hauchdünnen Scheiben

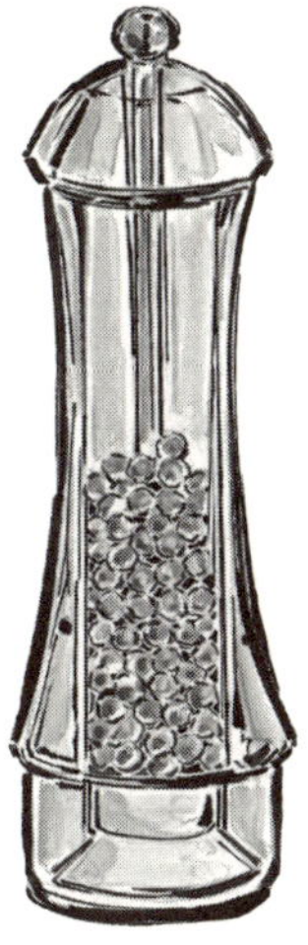

Carpaccio con salsa rosa

Carpaccio mit rosa Sauce

250 g Rinderfilet, in hauchdünnen Scheiben

125 g Mayonnaise, möglichst selbst gemacht

1 TL Dijonsenf

1 Schuss Worcestersauce

1–2 EL Cognac

3–4 EL Crème double

1 Spritzer Tabasco (oder etwas Cayennepfeffer)

evtl. Salz

1 Die Filetscheiben schuppenförmig auf einer Platte anrichten. Die Mayonnaise in eine Schale geben und alle weiteren Zutaten der Reihe nach sorgfältig einrühren.

2 Zum Schluss die Sauce nach Belieben noch mit etwas Salz abschmecken und extra servieren.

Dauert etwa 15 Minuten

Zur Abwechslung

- Zusätzlich können Sie noch 1 Esslöffel gehackte Kapern oder zerquetschte grüne Pfefferkörner unter die Sauce mischen.
- Sie können die Filetscheiben aber auch einfach mit einer Mischung aus Zitronensaft und gutem Olivenöl begießen und im Übrigen nach Belieben garnieren.
- In Italien bekommt man das Carpaccio häufig mit feinen Parmesanhobeln serviert.

Tipps

- Pro Person sollten Sie 50 bis 100 Gramm Rinderfilet rechnen – je nachdem, ob Sie nur eine kleine Vorspeise oder ein sommerliches Hauptgericht reichen möchten.
- Nach Möglichkeit lassen Sie sich das Filet vom Metzger in hauchdünne Scheiben schneiden. Ansonsten frieren Sie es an und schneiden es mit der Maschine.

Tipp Das Carpaccio schmeckt auch mit einer **Knoblauchsauce** ganz vorzüglich. Dafür ca. 8 Knoblauchzehen zusammen mit etwa 100 Gramm, zuvor in Wasser eingeweichtem, Weißbrot im Mixer pürieren. Dabei so viel Olivenöl einfließen lassen, dass eine cremige Konsistenz entsteht. Die Sauce mit Zitronensaft, Salz und Pfeffer abschmecken.

Carpaccio al peperone

Carpaccio mit Paprikamus

1 große grüne oder gelbe Paprikaschote
1 Stange Bleichsellerie
evtl. 1 kleine Zwiebel
1 Bund Petersilie
1 Bund Basilikum
Saft von 1 Zitrone
4 EL Olivenöl extra vergine
Salz
Pfeffer aus der Mühle (oder 1/2 frischer Peperone, gehackt)
200 g Rinderfilet, in hauchdünnen Scheiben

1 Die Paprikaschote waschen und vom Stielansatz, aber nur teilweise von Rippen und Kernen befreien. Paprika und Sellerie in Stücke schneiden. Nach Belieben die Zwiebel abziehen und hacken.

2 Die Kräuter waschen, trockentupfen und die Blätter abzupfen. Gemüse, Petersilie und die Hälfte der Basilikumblätter mit Zitronensaft und Öl im Mixer pürieren und mit Salz und Pfeffer abschmecken.

3 Das Paprikamus in die Mitte einer großen Platte geben, die Fleischscheiben rundum anordnen und alles mit den übrigen Basilikumblättchen garnieren.

Dauert etwa 20 Minuten

Tartine di carne cruda
Rohe Fleischfrikadellen

- 1 Knoblauchzehe
- 2–4 Sardellenfilets
- 400 g Kalbsnuss
- 3–4 EL Olivenöl extra vergine
- Saft von 2 Zitronen
- Salz
- Pfeffer aus der Mühle
- evtl. 1 frische Trüffel
- evtl. frische Kräuter nach Belieben

1 Die Knoblauchzehe abziehen und zusammen mit den Sardellen fein hacken. Das Fleisch durch die feine Scheibe des Fleischwolfs drehen und in einen Mörser oder eine andere passende Schüssel geben.

2 Sardellen, Knoblauch und Olivenöl hinzufügen und alles mit einem Stößel oder Holzlöffel zu einer Paste zerdrücken. Nach und nach den Zitronensaft hinzufügen und mit Salz und Pfeffer abschmecken.

3 Kleine Frikadellen aus dem Fleischteig formen, auf einer Platte anrichten und nach Belieben mit fein gehobelten Trüffelscheiben oder mit frischen Kräutern garnieren.

Dauert etwa 15 Minuten

Pâté di fegato alla veneziana

Kalbsleberpastete aus Venedig

250 g Kalbsleber
200 g Zwiebeln
2 EL Olivenöl extra vergine
150 g Butter
einige Salbeiblätter (oder Lorbeerblätter)
evtl. 1 Schuss trockener Marsala (oder Cognac)
Salz
Pfeffer aus der Mühle

1 Die Leber waschen, trockentupfen und in Streifen schneiden. Die Zwiebeln abziehen, längs halbieren und in dünne Ringe schneiden.

2 Die Zwiebelringe mit dem Öl und 1 Stückchen Butter auf kleiner Flamme in einer Pfanne glasig dünsten.

3 Salbeiblätter und Leber hinzufügen, auf etwas größerer Flamme einige Minuten schmoren lassen und dabei mit einem Holzlöffel umrühren. Nach Belieben den Marsala zugeben und kurz einkochen lassen.

4 Die Pfanne vom Feuer nehmen, und die Leber mit Salz und Pfeffer abschmecken. Die Salbeiblätter entfernen und alles im Mixer pürieren.

5 Die restliche Butter weichrühren und mit der pürierten Leber sorgfältig zu einer homogenen Creme vermischen.

6 Die Pastete in eine Schale füllen und mindestens 1 Stunde in den Kühlschrank stellen.

Dauert etwa 30 Minuten

Insalata di carne cruda alla piemontese
Salat von rohem Rinderfilet aus dem Piemont

1 Das Fleisch auf einem Holzbrett nicht allzu fein hacken und in eine flache Schüssel oder auf eine Platte geben.

2 Den Knoblauch abziehen und fein hacken. Aus Zitronensaft, Olivenöl, Knoblauch, Salz und Pfeffer eine Marinade zubereiten und über das Fleisch gießen. Gut durchmischen und mindestens 45 Minuten ziehen lassen.

3 Die Petersilienblättchen abzupfen und waschen. Den Salat vor dem Servieren noch einmal gut durchmischen und mit Petersilie, Cornichons und Sardellenfilets garnieren.

Dauert etwa 15 Minuten (ohne Ruhezeit)

400 g Rinderfilet (oder Kalbsnuss)
1 Knoblauchzehe
Saft von 1 Zitrone
3–4 EL Olivenöl extra vergine
Salz
Pfeffer aus der Mühle
1 Bund Petersilie
einige Cornichons
4 Sardellenfilets

Zur Abwechslung

- Besonders edel ist die traditionelle Form dieses Fleischsalats: Anstelle von Cornichons und Sardellenfilets wird er im Piemont oft mit frischen Trüffelscheibchen belegt. Statt dessen können Sie aber auch frische Steinpilze oder Zuchtchampignons verwenden.
- Und wie beim Carpaccio passt frisch gehobelter Parmesan sehr gut dazu.

Tipp **Die Leberpastete eignet sich hervorragend als Aufstrich für Crostini** **(siehe Seiten 45 und 46).**

Spuma di tonno
Thunfisch-Mousse

600 g Thunfisch aus der Dose
5 Sardellenfilets
Salz
evtl. weißer Pfeffer aus der Mühle
250 g weiche Butter
1 kleine Gurke (oder einige Cornichons)
1 schwarze Olive
1 Zitrone

1 Thunfisch und Sardellen grob zerkleinern und beides mit etwas Salz, nach Belieben auch mit Pfeffer, im Mixer fein pürieren.

2 Das Fischpüree in eine Schüssel geben, nach und nach die Butter hinzufügen, dabei kräftig mit einem Holzlöffel durchschlagen und noch einige Minuten weiterrühren.

3 Die Mousse möglichst in eine Fischform füllen und mindestens 2 Stunden in den Kühlschrank stellen.

4 Die erkaltete Mousse auf eine Servierplatte stürzen. Die Gurke in feine Scheiben schneiden und als Schuppen darauflegen.

5 Die Olive halbieren und als Augen einsetzen. Die Zitrone in Achtel schneiden. Die Thunfisch-Mousse mit Zitronenachteln garnieren und mit geröstetem Weißbrot servieren.

Dauert etwa 30 Minuten (ohne Abkühlzeit)

Acciughe marinate
Marinierte Sardellen

500 g frische Sardellen
1–2 Knoblauchzehen
Saft von 3–4 Zitronen
reichlich Petersilie, fein gehackt
1 Prise Oregano
1 Prise Thymian
einige Basilikumblätter, fein gehackt
Salz
Pfeffer aus der Mühle
1 Glas Olivenöl extra vergine

1 Die Sardellenköpfe entfernen. Den Bauch vorsichtig längs öffnen, die Innereien und die Rückengräte herausziehen und darauf achten, dass die beiden Hälften am Rücken miteinander verbunden bleiben.

2 Die Sardellen sorgfältig waschen und mit einem Küchentuch abtrocknen. Die Fische in ein großes flaches Gefäß geben.

3 Den Knoblauch abziehen und durchdrücken. Den Zitronensaft in eine Schale geben, Knoblauch und Kräuter hinzufügen und leicht salzen und pfeffern. Unter ständigem Rühren langsam das Öl hinzufügen.

4 Die Fische mit der Marinade übergießen und einige Stunden ziehen lassen.

Tipp **Die marinierten Sardellen halten sich mehrere Tage im Kühlschrank.**

Dauert etwa 20 Minuten, ohne Marinierzeit

Seppioline marinate
Marinierte Tintenfischchen

Für den Fisch

1 Stange Bleichsellerie

1 Möhre

1/2 Glas guter Rotweinessig

1 Prise Salz

1 Lorbeerblatt

einige Petersilienstängel

1 kg geputzte Seppioline (auch tiefgekühlt)

Für die Sauce

1 Knoblauchzehe

1 Handvoll Petersilienblättchen

1 – 2 EL Kapern

Saft von 1/2 Zitrone

1 TL Sardellenpaste

Salz

Pfeffer aus der Mühle

Olivenöl extra vergine

1 Sellerie und Möhre putzen, waschen und in Stücke schneiden. 1 1/2 Liter Wasser zusammen mit Essig, Salz, Lorbeerblatt, Petersilie und dem Gemüse zum Kochen bringen.

2 Die frischen oder aufgetauten Seppioline kurz waschen, in den kochenden Sud geben und etwa 15 Minuten auf kleiner Flamme sieden lassen. Den Tintenfisch abgießen und etwas vom Sud zurückbehalten. Die abgekühlten Tintenfischchen in Stücke schneiden und in eine Schüssel geben.

3 Für die Sauce den Knoblauch abziehen, die Petersilie waschen und trockentupfen. Beides mit den Kapern sehr fein hacken.

4 Zitronensaft, 1 Esslöffel Sud, Sardellenpaste, Salz und Pfeffer zu den gehackten Zutaten geben, verrühren und so viel Öl untermischen, dass eine dünnflüssige Sauce entsteht.

5 Die Sauce erneut abschmecken und nach Belieben mit Zitronensaft, Kochsud oder Öl verlängern. Die Marinade über die Tintenfischchen geben und alles einige Stunden im Kühlschrank durchziehen lassen.

Dauert etwa 50 Minuten, ohne Marinierzeit

Cucculi
Ausgebackene Kichererbsenplätzchen

1 Das Kichererbsenmehl mit etwa 400 Milliliter Wasser zu einem dicken Brei vermischen und salzen und pfeffern.

2 Die Hefe sorgfältig in wenig lauwarmem Wasser auflösen und in den Kichererbsenbrei einarbeiten. Den Teig mindestens 12 Stunden zugedeckt gehen lassen.

3 Den Schnittlauch waschen, klein schneiden und unter den Teig kneten. Kleine Plätzchen formen, in reichlich heißem Öl schwimmend ausbacken und heiß servieren.

Dauert etwa 10 Minuten (plus 12 Stunden Gehzeit)

300 g Kichererbsenmehl

Salz

Pfeffer aus der Mühle

20 g Hefe

150 g Schnittlauch

Öl zum Ausbacken

Verdure ripiene alla ligure

Gefülltes Gemüse aus Ligurien

1 kg gemischtes Gemüse zum Füllen (Zwiebeln, Paprikaschoten, Zucchini, Auberginen, Zucchini- oder Kürbisblüten)

1 kg gemischtes Gemüse für die Füllung (Kartoffeln, Möhren, grüne Bohnen, Zucchini)

evtl. etwas Zitronensaft

Olivenöl extra vergine

70 g Parmesan, frisch gerieben

2 Eier

Semmelbrösel

etwas Majoran

einige frische Basilikumblätter, fein gehackt

evtl. 1 – 2 Knoblauchzehen, fein gehackt

1 Prise geriebene Muskatnuss

Salz

Pfeffer aus der Mühle

1 Die Zwiebeln abziehen und längs halbieren. Paprikaschoten, Zucchini und Auberginen waschen, putzen, längs halbieren und die Hälften quer in 2 bis 3 Stücke teilen. Die Schnittflächen der Auberginen sofort mit Zitronensaft beträufeln. Zucchini- oder Kürbisblüten waschen, abtropfen lassen und längs aufschneiden.

2 Das vorbereitete Gemüse mit Ausnahme der Zucchini- oder Kürbisblüten ganz kurz im Dampfkochtopf oder in kochendem Salzwasser vorgaren und mit kaltem Wasser abschrecken, damit es knackig bleibt. Den Backofen auf 160 °C vorheizen.

3 Die Gemüse für die Füllung schälen bzw. putzen, waschen und grob zerkleinern. Im Dampfkochtopf oder in Salzwasser weich garen, aber nicht zerkochen lassen.

4 Zwiebeln, Zucchini und Auberginen aushöhlen und mit Paprika und Zucchini- oder Kürbisblüten in einer mit Öl bestrichenen Auflaufform anordnen.

5 Das ausgekratzte Fruchtfleisch zusammen mit dem Gemüse für die Füllung in einem Mixer pürieren.

6 Parmesan, Eier, 1 bis 2 Esslöffel Semmelbrösel, Majoran, Basilikum und nach Belieben den Knoblauch darunter mischen und mit Muskat, Pfeffer und Salz abschmecken. Sollte die Füllung zu flüssig sein, noch etwas Semmelbrösel hinzufügen.

7 Die Gemüsestücke in der Form füllen, mit Semmelbröseln bestreuen und leicht mit Olivenöl beträufeln. Im vorgeheizten Backofen (Umluft 180 °C, Gas Stufe 3 bis 4) etwa 20 Minuten überbacken, bis die Oberfläche goldbraun ist. Das Gemüse nach Belieben heiß, lauwarm oder kalt servieren.

Dauert knapp 2 Stunden

Zur Abwechslung

- Die gleiche Füllung können Sie auch in Kartoffeln geben, die Sie zuvor in Alufolie im Ofen garen und aushöhlen.
- Für das Gemüse eignet sich auch eine **Kartoffelfüllung** – ein traditionelles Rezept aus der Pigna, der Altstadt von San Remo: 1 Kilo mehlige Kartoffeln kochen, durch die Presse drücken, mit 150 Gramm gehacktem Basilikum, 2 durchgepressten Knoblauchzehen, 100 Gramm frisch geriebenem Parmesan, 4 Eiern, 3 bis 4 Esslöffel Olivenöl extra vergine, Pfeffer, Salz und fein zerriebenem Oregano vermischen und nach Belieben etwas ausgehöhltes Gemüsefleisch untermischen. Das Gemüse wie im Rezept vorbereiten, füllen und backen.

Tipp **Zum Aushöhlen und Füllen eignen sich besonders gut Zucchini, Paprikaschoten, Auberginen, Zwiebeln sowie Zucchini- oder Kürbisblüten. Sie können sich natürlich auf eine einzige Gemüsesorte beschränken, aber gerade die Vielfalt macht das Gericht erst richtig attraktiv. Sie können die gefüllten Gemüse natürlich auch als Hauptgericht servieren, wenn Sie die Mengen entsprechend vergrößern.**

Salatini ripieni – ricetta di base

Gefüllte Blätterteigtäschchen – Grundrezept

1 Packung tiefgekühlter Blätterteig

Füllung nach Belieben

1 Eigelb zum Bestreichen

Tipp **Die Salatini schmecken lauwarm und frisch am besten, aber Sie können sie auch kalt servieren oder im Backofen noch einmal kurz aufwärmen.**

1 Den Teig auftauen, die Teigstücke nebeneinander legen und zu einer großen Teigplatte ausrollen. Den Backofen auf 200 °C vorheizen.

2 Mit Hilfe eines nicht zu großen Glases Teigkreise ausstechen. Jeweils etwas Fülle in die Mitte geben und die Kreise zu Halbmonden zusammenklappen.

3 Die Ränder fest zusammendrücken. Das Ei verquirlen und die Ränder damit bepinseln.

4 Die Pastetchen 15 bis 20 Minuten im vorgeheizten Backofen (Umluft 180 °C, Gas Stufe 3 bis 4) backen.

Dauert etwa 30 Minuten

Alternative

- Sie können den Teig auch in Quadrate teilen, die Sie gefüllt zu Dreiecken zusammenklappen.
- Oder Sie belegen ein langes, schmales Teigstück mit Fülle, rollen es ein und schneiden die Rolle in Stücke.
- Wenn Sie mehrere Füllungen zubereiten möchten, wählen Sie möglichst für jede eine andere Teigform.

Crostini con fegatini di pollo

Röstbrot mit Hühnerleberchen

1 Den Backofen bei 160 °C vorheizen. Die Hühnerleber waschen, von den Häutchen befreien und möglichst fein hacken. Die Zwiebel abziehen und mit den Salbeiblättern sehr fein hacken.

2 Die Butter in einer Pfanne leicht erhitzen. Zwiebel und Salbei darin sanft andünsten. Die Leber hineingeben, auf großer Flamme unter Rühren sautieren und salzen und pfeffern. Den Marsala zugießen und kurz einkochen lassen.

3 Inzwischen die Brotscheiben im vorgeheizten Backofen (Umluft 160 °C, Gas Stufe 2 bis 3) von beiden Seiten leicht rösten. Die Lebermischung darüber verteilen und die Crostini sofort servieren.

Dauert etwa 30 Minuten

Zur Abwechslung

- Nach Belieben können Sie zusammen mit der Zwiebel etwas Bleichsellerie und Möhre andünsten und noch einige Sardellenfilets sowie 1 bis 2 Teelöffel Kapern hinzufügen, alles jeweils sehr fein gehackt.
- Oder Sie bestreichen die Crostini mit der Pâté di fegato alla veneziana (siehe Seite 36).

300 g Hühnerleber

1 kleine Zwiebel

2–3 frische Salbeiblätter (oder Petersilie)

4 EL Butter

Salz

Pfeffer aus der Mühle

1 Schuss trockener Marsala (oder Weißwein)

8–12 mittelgroße Scheiben Stangenweißbrot

Tipp **Das Brot können Sie auch mit etwas Butter oder Olivenöl in der Pfanne rösten.**

Crostini alle cozze
Röstbrot mit Muscheln

1 Stangenweißbrot
500 g Miesmuscheln
1 Glas Weißwein
1 Knoblauchzehe
einige Pfefferkörner
Salz
Cayennepfeffer (oder fein gehackter Peperone)
1 Bund Petersilie
1 Stückchen Butter
1 Zitrone

1 Den Backofen auf 180 °C vorheizen. Das Weißbrot in dicke Scheiben schneiden und jeweils leicht aushöhlen, so dass eine flache Mulde entsteht. Das Brot im Ofen von beiden Seiten leicht anrösten.

2 Inzwischen die Muscheln unter fließendem kalten Wasser gut säubern und den Bart entfernen. Geöffnete oder beschädigte Exemplare entfernen. 10 Minuten in kaltes Wasser legen, damit sie noch Sand verlieren.

3 Die Muscheln zusammen mit Wein, dem halbierten Knoblauch und Pfefferkörnern in einem Topf aufsetzen. Zugedeckt bei starker Hitze garen, bis sich alle Muscheln geöffnet haben. Den Topf zwischendurch aufschütteln.

4 Die Muscheln auslösen und auf die Brotscheiben verteilen. Leicht salzen und mit etwas Cayennepfeffer bestreuen.

5 Die Petersilienblättchen abzupfen und sehr fein wiegen. Einen Teil der ausgelösten Brotkrume fein zerzupfen und in der Butter goldbraun rösten. Die Petersilie unterrühren und die Mischung über die Muscheln verteilen.

6 Die Crostini im vorgeheizten Backofen (Umluft 160 °C, Gas Stufe 2 bis 3) 5 bis 10 Minuten backen. Mit etwas Zitronensaft beträufeln oder mit Zitronenspalten garnieren und sofort servieren.

Dauert etwa 50 Minuten

Zur Abwechslung

- Wenn Sie die Muscheln auf Bauernbrot servieren möchten, rechnen Sie nur 1 dicke Scheibe pro Person.
- Wenn Sie den Geschmack kräftiger wünschen, vermischen Sie etwas weiche Butter mit gepresstem Knoblauch, und streichen Sie sie in die Brotmulden, bevor Sie die Muscheln hineinlegen.
- Sie können die Muscheln auch in einer kräftigen Würzsauce garen: Dazu dünsten Sie etwas Knoblauch, Petersilie und scharfen Peperone (alles fein gehackt) in etwas Olivenöl an, fügen einige klein geschnittene geschälte Tomaten hinzu, würzen mit Oregano und wenig Salz und gießen 1 Schuss Wein hinzu. Den Sud kurz köcheln lassen, die Muscheln hineingeben und garen, bis sie sich geöffnet haben. Die fertig belegten Crostini zum Schluss mit etwas Sud überziehen.

Tipp Sie können die Crostini auch mit Krabben oder Shrimps in einer leichten Vinaigrette oder einer kräftig gewürzten Mayonnaise belegen.

Crocchettine di patate
Kartoffelkroketten

600 g mehlig kochende Kartoffeln
2 Eier
1 Eigelb
50 g Butter
100 g Parmesan, frisch gerieben
1 Bund Petersilie, klein gehackt
Salz
Pfeffer aus der Mühle
Semmelbrösel
Öl zum Ausbacken

1 Die Kartoffeln in der Schale gar kochen, schälen und durch die Presse drücken oder zerstampfen.

2 Den Kartoffelbrei mit 1 Ei und dem Eigelb sowie Butter, Käse, Petersilie, Salz und Pfeffer zu einem Teig vermischen, gut durchkneten und mit feuchten Händen Bällchen daraus formen.

3 Das restliche Ei trennen. Das Eigelb verquirlen, das Eiweiß zu festem Schnee schlagen und unter das Eigelb ziehen. Die Bällchen im Ei und anschließend in Semmelbröseln wenden. In reichlich heißem Öl ausbacken und sofort servieren.

Dauert etwa 45 Minuten

Fichi in crucetta
Gefüllte Feigen

1 Den Backofen bei 180 °C vorheizen. Die Feigen oben kreuzförmig aufschneiden und die Haut vorsichtig nach außen ziehen.

2 Die Nüsse und/oder Mandeln grob hacken und die Feigen damit füllen. Mit der Zitronenschale bestreuen.

3 Eine kleine feuerfeste Form mit Butter einfetten, die Feigen hineinsetzen und 10 Minuten im vorgeheizten Backofen (Umluft 160 °C, Gas Stufe 2 bis 3) garen, aber nicht matschig werden lassen.

Dauert etwa 20 Minuten

8 frische, nicht zu reife Feigen

50 g geschälte Walnüsse und/oder Mandeln

Schale 1 abgeriebenen unbehandelten Zitrone

Butter für die Form

Tipp **Nach Möglichkeit sollten Sie grüne Feigen verwenden, doch schmecken auch die dunklen sehr gut.**

Pizza alla marinara

Pizza alla napoletana

Sardenaira

Torta di bietole

Gelosia alla valdostana

Pitta con ricotta

Torta di funghi

Torta di zucca salata

Pizza alle vongole

Farinata

Pizza e torte salate

Pizza und pikante Torten

Pizza, Focaccia und die pikanten Torten, die in diesem Kapitel vorgestellt werden, können Sie ebenso gut als Hauptspeise servieren wie in kleine Häppchen geschnitten als Vorspeise – und natürlich machen sie sich frisch zubereitet auch auf einem kalten Büfett sehr gut.

Wenn nicht anders angegeben, sind alle Rezepte für 4 Portionen berechnet.

Pasta per pizza – Pizzateig *ricetta di base 1* Grundrezept 1

25 g Hefe
1/4 l lauwarmes Wasser
1 TL Zucker
400 g Weizenmehl, Type 405 oder 550
10 g Salz
Mehl zum Ausrollen
Olivenöl extra vergine

Dauert 40 bis 45 Minuten (ohne Ruhezeit)

1 Hefe zerbröckeln, mit knapp 1/8 Liter Wasser und Zucker verrühren. 100 Gramm Mehl zufügen. Gut vermischen und den Vorteig 30 Minuten zugedeckt stehen lassen.

2 Restliches Mehl auf die Arbeitsfläche sieben, mit Salz vermengen, eine Mulde eindrücken und den Vorteig hineingeben. Mehl mit dem Vorteig verkneten und nach und nach restliches Wasser hinzufügen. Teig 10 Minuten weiterkneten und zwischendurch auf dem Tisch aufschlagen, bis er sehr geschmeidig wird. Zugedeckt an einem warmen Ort 1 1/2 bis 2 Stunden auf etwa das doppelte Volumen aufgehen lassen.

3 Den Backofen auf 250 °C vorheizen. Den Teig auf der bemehlten Arbeitsfläche zunächst wenig ausrollen, kurz ruhen lassen. Danach 3 Millimeter dünn ausrollen, die Ränder etwas dicker belassen. Den Teig auf 4 eingeölte Pizzaformen oder auf ein Backblech legen.

4 Mit den Fingerspitzen an mehreren Stellen kleine Mulden eindrücken, den Belag auf dem Teig verteilen, reichlich Öl im dünnen Faden darüber träufeln. Die Pizza 20 bis 25 Minuten (Umluft 220 bis 240 °C, Gas Stufe 6 bis 7) backen.

Pasta per pizza – ricetta di base 2

Pizzateig – Grundrezept 2

1 Die Hefe in etwas lauwarmem Wasser auflösen und ruhen lassen, bis sich Schaum an der Oberfläche bildet. Das Mehl auf die Arbeitsfläche sieben, aufhäufeln und eine Mulde hineindrücken.

2 Die angerührte Hefe, das Öl und das restliche Wasser hineingeben. Etwa 10 Minuten zu einem geschmeidigen, weichen Teig verkneten.

2 Den Teig 1 Stunde lang zugedeckt an einem warmen Ort aufgehen lassen. Das Salz hineinkneten und den Teig weitere 40 Minuten gehen lassen.

Dauert etwa 20 Minuten (ohne Ruhezeit)

25 g Hefe

1/4 l lauwarmes Wasser

500 g Weizenmehl

1/8 l Olivenöl extra vergine

10 g Salz

Pizza alla napoletana
Pizza aus Neapel

Teig siehe Grundrezept 1 (Seite 52)
200 g reife Tomaten
2 Knoblauchzehen
Salz
Pfeffer aus der Mühle
1 Prise Oregano
evtl. einige Basilikumblätter
1 Gläschen Olivenöl extra vergine

1 Den Pizzateig wie im Grundrezept 1 beschrieben zubereiten und ausrollen.

2 Die Tomaten mit kochend heißem Wasser überbrühen, abschrecken, häuten, entkernen und klein schneiden. Die Knoblauchzehen abziehen und fein hacken oder in Scheiben schneiden.

3 Tomaten und Knoblauch auf dem Teig verteilen, salzen und pfeffern, mit Oregano und nach Belieben auch mit einigen zerzupften Basilikumblättern bestreuen.

4 Die Pizza großzügig mit Olivenöl beträufeln und laut Grundrezept 1 im Ofen backen.

Dauert etwa 50 Minuten (ohne Ruhezeit)

Tipp Dies ist höchstwahrscheinlich das älteste Pizzarezept. Häufig wird die Napoletana auch als »Pizza alla marinara« bezeichnet oder als »Pizza aglio, olio e pomodoro«.

Pizza alle vongole
Pizza mit Venusmuscheln

Teig siehe Grundrezept 1 (Seite 52)
200 g reife Tomaten
1 Knoblauchzehe
Salz
Pfeffer aus der Mühle
1 Prise Oregano
1 Gläschen Olivenöl extra vergine
500 g Venusmuscheln
1 EL Petersilie, fein gehackt

1 Den Pizzateig nach dem Grundrezept 1 zubereiten und ausrollen.

2 Die Tomaten mit heißem Wasser überbrühen, schälen, entkernen und klein schneiden. Die Knoblauchzehe abziehen und fein hacken.

3 Die Tomaten über den Teig verteilen. Mit Salz, Pfeffer und Oregano würzen, Öl darüber träufeln und die Pizza nach dem Grundrezept 1 backen.

4 Inzwischen die Muscheln säubern, gründlich waschen und in einem Topf zusammen mit 1/2 Glas Wasser erhitzen, bis die Schalen sich öffnen. Geschlossene Muscheln entfernen. Das Muschelfleisch auslösen und warmhalten.

5 Die fertige Pizza aus dem Ofen nehmen und mit den Muscheln belegen. Zum Schluss mit Knoblauch und Petersilie bestreuen.

Dauert etwa 50 Minuten (ohne Ruhezeit)

Pitta con ricotta

Ricotta-Pizza aus Kalabrien

Teig siehe Grundrezept 1 (Seite 52)

200 g Ricotta

1 EL frisch geriebener Pecorino (oder Parmesan)

2 Eier, hart gekocht

Olivenöl extra vergine

100 g Schweinemett

Info Das Originalrezept verlangt eigentlich Salsiccia, eine sehr pikant gewürzte Bratwurst. Doch können Sie mit nicht allzu fettem und gut gewürztem Schweinemett ein ähnliches Ergebnis erzielen.

1 Den Pizzateig nach Grundrezept 1 backfertig zubereiten. Den Backofen auf 200 °C vorheizen.

2 Inzwischen den Ricotta mit dem Pecorino vermischen. Die Eier pellen und in Scheiben schneiden.

3 2/3 des Teigs ausrollen und eine eingefettete Springform von etwa 22 Zentimeter Durchmesser damit auskleiden. Den Teig am Rand etwas hochziehen.

4 Den Käse hineingeben, das Schweinemett darüber verteilen und mit den Eischeiben belegen.

5 Den restlichen Teig ausrollen und die Füllung damit bedecken. Die Ränder von Teigboden und -deckel gut zusammendrücken.

6 Den Teigdeckel mit Olivenöl bestreichen, mit einer Gabel mehrmals einstechen, und die Pizza im vorgeheizten Ofen (Umluft 180 °C, Gas Stufe 3 bis 4) etwa 30 Minuten backen. Nach Belieben heiß oder kalt servieren.

Dauert etwa 1 Stunde 15 Minuten (ohne Ruhezeit)

Pizza alla marinara

Pizza mit Sardellen, Kapern und Oliven

1 Den Pizzateig nach Grundrezept 1 zubereiten und ausrollen. Den Backofen auf 200 °C vorheizen.

2 Die Tomaten mit kochend heißem Wasser überbrühen, abschrecken, häuten, entkernen und klein schneiden. Die Sardellenfilets in Stücke schneiden. Die Oliven grob hacken.

3 Alle Zutaten der Reihe nach auf den Teig geben und mit dem Öl beträufeln. Die Pizza wie im Grundrezept 1 backen.

Dauert etwa 50 Minuten (ohne Ruhezeit)

Teig siehe Grundrezept 1 (Seite 52)

200 g reife Tomaten

5–6 Sardellenfilets

2–3 EL entkernte schwarze Oliven

Salz

Pfeffer aus der Mühle

1 EL Kapern

1 Gläschen Olivenöl extra vergine

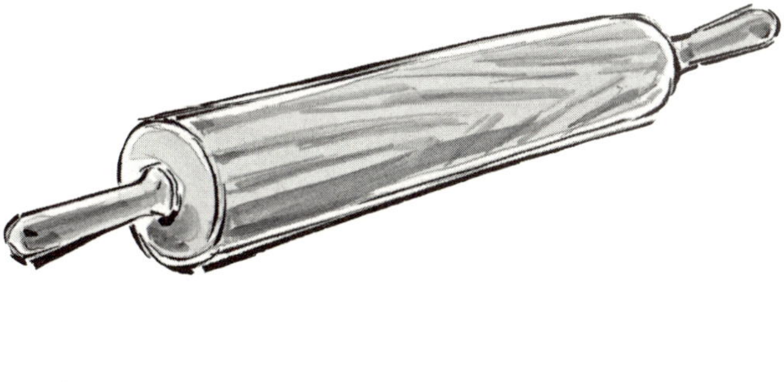

Pizza rustica
Pizza auf Bauernart

Für den Teig

250 g Weizenmehl
125 g Schweineschmalz (oder Butter)
1 TL Zucker
2 Eigelb
1 Eiweiß
1 Prise Salz

Für die Füllung

250 g Ricotta
3–4 Eier
2 EL Petersilie, fein gehackt
150 g milder Provolone
150 g Mozzarella
1 dicke Scheibe gekochter Schinken (ca. 150 g)
Salz
Pfeffer aus der Mühle

Außerdem

Mehl zum Ausrollen
Öl (oder Butter) für die Form
1 Eigelb zum Bestreichen

1 Alle Zutaten für den Teig sehr schnell miteinander verkneten und gegebenenfalls noch etwas Wasser zufügen. Der Teig soll geschmeidig, aber fest sein. Mit einem Tuch bedecken und etwa 1 Stunde ruhen lassen.

2 Den Ricotta zerdrücken, nach und nach die Eier einrühren und die Petersilie zufügen. Provolone, Mozzarella und Schinken klein würfeln und ebenfalls untermischen. Die Füllung vorsichtig salzen und kräftig pfeffern.

3 Den Teig halbieren und zu 2 runden Fladen ausrollen. Den Backofen auf 180 °C vorheizen. Eine Springform von etwa 20 Zentimeter Durchmesser einfetten und mit einem der Teigfladen auskleiden. Den Teig auch am Rand hochziehen.

4 Die Füllung hineingeben und mit dem anderen Teigfladen bedecken. Die Teigränder gut zusammendrücken. Das Eigelb verquirlen und den Teigdeckel damit bestreichen.

5 Im vorgeheizten Backofen (Umluft 160 °C, Gas Stufe 2 bis 3) etwa 1 Stunde backen und nach Belieben warm oder kalt servieren.

Dauert etwa 90 Minuten (ohne Ruhezeit)

Farinata
Kichererbsenfladen aus Ligurien

300 g Kichererbsenmehl

Salz

Olivenöl extra vergine

100–150 g Zwiebeln (oder Frühlingszwiebeln)

Pfeffer aus der Mühle

1 Das Kicherbsenmehl in eine große Schüssel geben. Unter ständigem Schlagen mit dem Schneebesen nach und nach 900 Milliliter Wasser hinzugießen, ohne dass Klümpchen entstehen.

2 Den Teig leicht salzen und 100 Milliliter Öl untermischen. Mindestens 6 Stunden, besser noch über Nacht ruhen lassen. Den Backofen auf 230 bis 250 °C vorheizen.

3 Die Zwiebeln abziehen, in feine Scheiben schneiden, unter den Teig rühren und mit etwas Pfeffer würzen.

4 Den Teig in eine eingeölte flache Form geben und im vorgeheizten Ofen (Umluft 210 bis 230 °C, Gas Stufe 5 bis 6) 20 bis 30 Minuten backen, bis die Farinata eine schöne goldgelbe Kruste hat.

5 Noch etwas Pfeffer darüber streuen und heiß servieren.

Dauert etwa 50 Minuten (ohne Ruhezeit)

Sardenaira
Pizza Andrea Doria

Teig siehe Grundrezept 2 (Seite 53)
250 g Zwiebeln
Olivenöl extra vergine
50 g Kapern
12–16 Sardellenfilets
2 EL Weißwein
500 g pürierte Tomaten
1 Prise Salz
Pfeffer aus der Mühle
1 TL Oregano
einige Blättchen Basilikum
3–4 Knoblauchzehen
100 g möglichst kleine schwarze Oliven

1 Den Pizzateig laut Grundrezept 2 backfertig vorbereiten und ruhen lassen.

2 Inzwischen die Zwiebeln abziehen und fein hacken oder in dünne Scheiben schneiden. Etwas Olivenöl erhitzen und die Zwiebeln darin glasig dünsten.

3 Die Kapern grob hacken und mit der Hälfte der Sardellenfilets hinzugeben. Schmoren lassen und zwischendurch mehrfach umrühren, bis die Sardellen sich aufgelöst haben.

4 Den Wein zugießen und einkochen lassen. Das Tomatenpüree hinzufügen, mit Salz und Pfeffer abschmecken und etwa 30 Minuten auf kleiner Flamme köcheln lassen.

5 Zum Schluss mit Oregano und den grob zerzupften Basilikumblättern würzen und die Sauce abkühlen lassen. Den Backofen auf 200 °C vorheizen.

6 Den Knoblauch abziehen und in Scheibchen schneiden. Eine große rechteckige oder runde Form einölen und mit dem Teig auskleiden. Die Sauce darüber verteilen, und die Pizza mit den restlichen Sardellenfilets, den Oliven und den Knoblauchscheibchen garnieren.

7 Die Sardenaira im vorgeheizten Ofen (Umluft 180 °C, Gas Stufe 3 bis 4) 30 bis 40 Minuten backen.

Dauert etwa 1 Stunde 40 Minuten (ohne Ruhezeit)

Zur Abwechslung Sie können den ausgerollten Pizzateig auch mit einer rohen Sauce aus den gleichen Zutaten belegen. Dabei lassen Sie nur Zwiebeln und Wein weg und vermischen einfach alle Zutaten miteinander – mit Ausnahme der Oliven und der Hälfte der Sardellenfilets, die Sie zum Schluss auf dem Belag verteilen. Die Pizza etwa 30 Minuten bei gleicher Temperatur im Ofen backen.

Tipp **Diese sehr typische Pizza, die von dem Genueser Dogen und Admiral Andrea Doria erfunden worden sein soll, wird auf dem Küstenstrich zwischen Genua und Ventimiglia in fast jedem Ort mit einem anderen Namen benannt – zum Beispiel »Pissalandrea«, »Pissadella« oder »Machetaira«.**

Pasta per torte – ricetta di base
Tortenteig – Grundrezept

500 g Mehl
1/2 Glas Olivenöl extra vergine
1/2 Glas Weißwein (oder Milch)
1/2 Glas Wasser
1 Ei
1 Prise Salz

1 Das Mehl auf die Arbeitsfläche sieben, aufhäufeln und eine Mulde eindrücken. Alle übrigen Zutaten hineingeben und zu einem geschmeidigen, nicht allzu festen Teig verkneten.

2 Den Teig mit einem feuchten Tuch bedecken und mindestens 30 Minuten ruhen lassen. Inzwischen die Füllung der jeweiligen Gemüsetorte vorbereiten.

Dauert etwa 10 Minuten (ohne Ruhezeit)

Torta di zucca salata
Pikante Kürbistorte

1 Den Teig laut Grundrezept zubereiten und ruhen lassen.

2 Die Pilze etwa 15 Minuten in lauwarmem Wasser einweichen. Den Kürbis schälen und von Rippen und Kernen befreien. Das Fruchtfleisch in Stücke schneiden und einige Minuten in kochendem Salzwasser garen.

3 Die Kürbisstücke abgießen, mit einem Tuch die Feuchtigkeit herausdrücken und klein hacken. Die Zwiebel abziehen. Die Pilze abgießen und trockentupfen. Beide Zutaten klein hacken und in einem Topf in etwas Olivenöl andünsten.

4 Nach einigen Minuten den Kürbis hinzufügen. Alles gut durchrühren und etwa 10 Minuten schmoren lassen, bis alle Flüssigkeit eingekocht ist.

5 Den Topfinhalt abkühlen lassen und in eine Schüssel geben. Alle weiteren Zutaten hinzufügen, mit Salz, Pfeffer und Muskatnuss würzen und gut miteinander vermengen.

6 Eine Springform mit Öl ausstreichen. 2/3 der Teigmenge ausrollen und die Form so großzügig damit auskleiden, dass der Teig leicht über den Rand hinaus reicht. Die Füllung hineingeben und die Oberfläche glatt streichen.

7 Den restlichen Teig zu einem passenden Deckel ausrollen und auf die Füllung legen. Den herausstehenden Rand des Teigbodens darüber einschlagen, so dass ein fest verschlossener Teigmantel entsteht. Den Teigdeckel mit etwas Öl bestreichen und mehrfach mit einer Gabel einstechen.

8 Die Torte im vorgeheizten Ofen (Umluft 180 °C, Gas Stufe 3 bis 4) in etwa 30 Minuten goldbraun backen. Nach Belieben lauwarm oder kalt servieren.

Dauert etwa 2 Stunden 30 Minuten

Teig siehe Grundrezept (Seite 62)

30 g getrocknete Steinpilze

1 1/2 kg Kürbis

Salz

1 Zwiebel

Olivenöl extra vergine

4 Eier

100 g Parmesan, frisch gerieben

evtl. 100 g Ricotta

etwas Majoran, fein gehackt

Pfeffer aus der Mühle

frisch geriebene Muskatnuss

Torta di bietole
Mangoldtorte

Teig siehe Grundrezept (Seite 62)
150 g Reis
ca. 1 Glas Milch
Salz
150 g Erbsen
1 Zwiebel
evtl. 1 Knoblauchzehe
Olivenöl extra vergine
700 g junger Mangold
2 Eier
60 g Parmesan, frisch gerieben
Pfeffer aus der Mühle
frisch geriebene Muskatnuss
1 Prise Majoran
etwas Petersilie, fein gehackte

1 Den Teig vorbereiten und ruhen lassen. Den Reis in einen Topf geben, knapp mit Milch bedecken, leicht salzen und erhitzen. Sobald der Reis aufkocht, vom Feuer nehmen und zugedeckt ziehen lassen.

2 Die Erbsen in wenig Salzwasser sehr bissfest garen und sofort mit kaltem Wasser abschrecken.

3 Die Zwiebel und nach Belieben auch den Knoblauch abziehen und fein hacken. Den Mangold waschen, putzen und grob hacken. In ein Sieb geben, mit etwas Salz bestreuen und mit einem Teller beschweren, damit Flüssigkeit austritt.

4 Zwiebel und Knoblauch in wenig Öl glasig dünsten. Den Mangold nach etwa 10 Minuten durchspülen, nur kurz abtropfen lassen und in den Topf mit den Zwiebeln geben. Vorsichtig salzen und etwa 10 Minuten garen. Falls die Flüssigkeit nicht ausreicht, noch ein wenig Wasser hinzufügen.

5 Den Mangold abkühlen lassen und in eine Schüssel geben. Den Reis mitsamt der verbliebenen Milch, die abgetropften Erbsen sowie Eier, Parmesan, Pfeffer und Muskatnuss zufügen.

6 Alle Zutaten gut miteinander vermengen. Die Füllung mit Majoran, Petersilie und Salz abschmecken. Den Backofen auf 200 °C vorheizen.

7 Eine Springform mit Öl ausstreichen. 2/3 der Teigmenge ausrollen und die Form so großzügig damit auskleiden, dass der Teig leicht über den Rand hinaus reicht. Die Füllung hineingeben und die Oberfläche glatt streichen.

8 Den restlichen Teig zu einem passenden Deckel ausrollen und auf die Füllung legen. Den herausstehenden Rand des Teigbodens darüber einschlagen, sodass ein fest verschlossener Teigmantel entsteht.

9 Den Teigdeckel mit etwas Öl bestreichen und mehrfach mit einer Gabel einstechen. Die Torte im vorgeheizten Ofen (Umluft 180 °C, Gas Stufe 3 bis 4) in etwa 30 Minuten goldbraun backen. Nach Belieben lauwarm oder kalt servieren.

Dauert etwa 2 Stunden 30 Minuten

Zur Abwechslung

- Statt des Grundteigs können Sie auch eine entsprechende Menge tiefgekühlten Blätterteig verwenden, den Sie vor dem Backen statt mit Öl mit verquirltem Ei bestreichen.
- Nach Belieben können Sie den Reis auch weglassen und statt dessen etwa 250 Gramm Ricotta verwenden.
- Den Mangold können Sie ebensogut durch die gleiche Menge Spinat oder Zucchini ersetzen. Das Gemüse sollten Sie aber in jedem Fall vor dem Backen nur bissfest vorgaren.

Torta di funghi
Pilztorte

Teig siehe Grundrezept (Seite 62)
1 kg Champignons oder Steinpilze (oder andere Pilze)
2 Knoblauchzehen
Olivenöl extra vergine
Salz
reichlich Petersilie, fein gehackt
1/2 Glas Weißwein
80–100 g Parmesan, frisch gerieben
1 Prise Majoran
Pfeffer aus der Mühle
etwas frisch geriebene Muskatnuss
350 g Ricotta
1 1/2 EL Mehl
1/2 Glas Crème fraîche

1 Den Teig entsprechend dem Grundrezept backfertig zubereiten und ruhen lassen.

2 Währenddessen die Pilze putzen und in dünne Scheiben schneiden. Die Knoblauchzehen abziehen und leicht zerdrücken. Zusammen mit wenig Öl in eine Pfanne geben und leicht andünsten.

3 Die Pilze hinzufügen, leicht salzen, zudecken und einige Minuten schmoren lassen. Die ausgetretene Pilzflüssigkeit abgießen. Petersilie, Weißwein und noch etwas Öl zu den Pilzen geben und unter häufigerem Wenden alles 10 bis 15 Minuten schmoren lassen, bis der Wein völlig eingekocht ist und die Pilze gar sind.

4 Die Pfanne vom Feuer nehmen und den Knoblauch entfernen. 80 Gramm Parmesan untermischen und mit etwas Majoran, Salz, Pfeffer und Muskatnuss würzen.

5 Den Ricotta in ein sauberes Tuch geben und alle Flüssigkeit herausdrücken.

6 In einer Schüssel Ricotta, Mehl und Crème fraîche miteinander vermischen und nach Belieben noch etwas Parmesan hinzufügen.

7 Im Folgenden weiter vorgehen wie bei der Mangoldtorte (siehe Seite 64, Abschnitt 7) beschrieben. Die Füllung dabei in 2 Lagen in die Form einschichten: zuunterst die Pilze und darüber die Ricottamischung geben.

Dauert etwa 2 Stunden 30 Minuten

Pikante Gemüsetorten haben eine lange Tradition in Italien. In jeder Region, in jedem Ort findet man Rezepte, die von Generation zu Generation überliefert worden sind. Die Torten werden mit den unterschiedlichsten Gemüsen zubereitet.

Zur Abwechslung

- Unter die abgekühlten Pilze rühren Sie 2 bis 3 Eier, 50 Gramm frisch geriebenen Parmesan und 50 Gramm Ricotta und füllen mit dieser Mischung die Torte. Backtemperatur und -zeit ändern sich dadurch nicht.
- Anstelle des Grundteigs bäckt man die Torte ebenso gerne mit Blätterteig oder Hefeteig.

Torta rustica alla pugliese

Bauerntorte aus Apulien

Teig siehe Grundrezept (Seite 62)
4 Eier
300 g Ricotta
200 g Mozzarella (oder Scamorza)
100 g Caciocavallo (oder anderer Hartkäse)
200 g gekochter Schinken (oder Salami)
Salz
Pfeffer aus der Mühle
frisch geriebene Muskatnuss
reichlich Petersilie, fein gehackt
Olivenöl extra vergine
Mehl für die Form

1 Den Teig entsprechend dem Grundrezept vorbereiten und ruhen lassen.

2 Inzwischen 3 Eier verquirlen. Den Ricotta in einem Tuch gut ausdrücken und daruntermischen.

3 Den übrigen Käse und den Schinken in kleine Würfel schneiden und hinzufügen. Die Füllung mit Salz, Pfeffer, Muskat und Petersilie würzen.

4 Eine große Springform mit Öl ausstreichen und leicht bemehlen. Den Backofen auf 200 °C vorheizen.

5 2/3 des Teigs ausrollen und die Form damit auskleiden, so dass der Teig etwas über den Rand hinausreicht. Die Füllung hineingeben und die Oberfläche glatt streichen.

6 Aus einem Teil des restlichen Teigs eine lange, dünne Rolle formen und als Rand aufsetzen. Den überstehenden Rand des Teigbodens darüberschlagen. Den noch verbliebenen Teig ausrollen, Teigstreifen ausrädeln und als Gitter auf die Torte legen.

7 Das letzte Ei verquirlen und das Teiggitter damit bestreichen. Die Torte im vorgeheizten Ofen (Umluft 180 °C, Gas Stufe 3 bis 4) 40 bis 45 Minuten backen.

Dauert etwa 2 Stunden 30 Minuten

Zur Abwechslung
Sie können für die Füllung auch 400 Gramm Ricotta, 100 Gramm Fontinawürfel, 50 Gramm frisch geriebenen Parmesan, 150 Gramm gekochten Schinkwürfel, 300 Gramm klein gehackten vorgegarten Spinat und 3 Eier miteinander vermengen und nach Belieben mit Gewürzen abschmecken.

Tipp **Wenn es schneller gehen soll, können Sie die Bauerntorte auch mit fertigem Blätterteig zubereiten. Zum Schluss mit 1 Eigelb anstelle mit Öl bestreichen.**

Torta di patate
Kartoffeltorte

Teig siehe Grundrezept (Seite 62)
1 kg festkochende Kartoffeln
Butter für die Form
80 g Parmesan, frisch gerieben (oder Fontina)
reichlich Petersilie, fein gehackt
5 Eier
Salz
Pfeffer aus der Mühle
1/2 l Milch

Tipp **Auf die gleiche Weise können Sie auch eine Möhrentorte (Torta di carote) zubereiten.**

Dauert etwa 2 Stunden

1 Den Teig entsprechend dem Grundrezept backfertig vorbereiten und ruhen lassen. Währenddessen die Kartoffeln waschen und in der Schale nicht ganz gar kochen. Abgießen und unter kaltem Wasser abschrecken. Pellen und in nicht zu dünne Scheiben schneiden.

2 2/3 der Teigmenge ausrollen. Eine Springform buttern und mit dem Teig auskleiden, so dass er leicht über den Rand hinaussteht. Den Backofen auf 200 °C vorheizen.

3 Die Hälfte der Kartoffeln in die Form einschichten und mit etwas Parmesan und Petersilie bestreuen. Den Vorgang wiederholen.

4 In einer Schüssel 4 Eier mit etwas Salz, Pfeffer und dem restlichen Parmesan verquirlen und unter ständigem Schlagen die Milch zugeben. Die Eiermilch über die Füllung gießen.

5 Den restlichen Teig zu einem Fladen ausrollen, die Füllung damit abdecken. Den Rand des Teigbodens nach innen darüberschlagen und fest verschließen. Die Teigdecke mit dem verquirlten Ei bestreichen und einstechen. Die Torte im Ofen (Umluft 180 °C, Gas Stufe 3 bis 4) 40 Minuten backen. Kurz im Ofen ruhen lassen und heiß servieren.

Gelosia alla valdostana
Käsetorte aus dem Aostatal

1 Den aufgetauten Teig ausrollen und zur Form passend in 2 gleich große Rechtecke schneiden. Eine flache rechteckige Form einfetten und mit der ersten Teigplatte auskleiden. Den Teig an den Rändern ein wenig hochziehen. Den Backofen auf 200 °C vorheizen.

2 Das Ei verquirlen und den Teigboden damit leicht bestreichen. Mit dem Schinken belegen, den Käse darüberschichten und darauf achten, dass überall ein Rand von 1/2 Zentimeter frei bleibt.

3 Die zweite Teigplatte längs zusammenklappen und von der Faltkante ausgehend bis etwa zur Mitte mehrfach schräg einschneiden, so dass sich beim Öffnen eine Art Pfeilmuster ergibt.

4 Die Füllung mit der Teigplatte abdecken und die Ränder von Teigboden und -deckel fest aneinanderdrücken.

5 Die Käsetorte mit dem restlichen Ei bestreichen und im vorgeheizten Ofen (Umluft 180 °C, Gas Stufe 3 bis 4) 30 bis 40 Minuten backen. Sofort servieren.

Dauert etwa 1 Stunde

1 Packung tiefgekühlter Blätterteig (300 g)

Butter für die Form

1 Ei

150 g gekochter Schinken, in Scheiben

200 g Fontina, in Scheiben

Tipp In kleine Stücke geschnitten eignet sich die Käsetorte auch sehr gut als Vorspeise.

Salsa peverada

Bagnet verde

Salsa di aglio e pomodoro

Salsa di patate

Salsa di capperi

Salsa di miele e noci

Salsa di basilico

Salsa genovese

Salsa di acciughe

Salsa di marsa

Salse
Saucen

In diesem Kapitel finden Sie eine Vielzahl an Saucen, die Sie in 10 bis 30 Minuten fertig zubereitet haben. Sie sind eine ideale Begleitung für Pasta, kaltes Fleisch oder Gemüse. Wer ein Saucenfan ist, bereite sich am besten eine etwas größere Menge zu. Die meisten Saucen lassen sich gut gekühlt ein paar Tage im Kühlschrank aufbewahren.

Wenn nicht anders angegeben, sind alle Rezepte für 4 Portionen berechnet.

Salsa verde

ll'arancia

Salsa di aglio e pomodoro

Knoblauch-Tomaten-Sauce

4 Knoblauchzehen

1 Eigelb

½ Tasse Olivenöl extra vergine

1 große, reife Tomate

1 knapper EL fein gehackte Petersilie

Salz

Pfeffer aus der Mühle

1 Die Knoblauchzehen abziehen und in eine Schüssel drücken. Das Eigelb untermischen.

2 Das Öl unter ständigem Rühren in einem dünnen Faden hineinrinnen lassen.

3 Die Tomate unter dem Grill garen, abkühlen lassen, abziehen und zusammen mit der Sauce pürieren.

4 Die Petersilie unterrühren und die fertige Sauce mit Salz und Pfeffer abschmecken.

Dauert etwa 10 Minuten

Tipp Diese Sauce passt zu kaltem Fleisch oder Spaghetti.

Salsa verde
Grüne Sauce

1 Zwiebel und Knoblauch abziehen und fein hacken. Die Tomate mit kochendem Wasser überbrühen, häuten und entkernen.

2 Kapern, Cornichon und Ei fein hacken. Die Kräuter fein wiegen.

3 Alle vorbereiteten Zutaten mit Zitronensaft, Salz und Pfeffer in eine Schüssel geben und gut miteinander vermischen.

4 Langsam so viel Olivenöl einrühren, bis die Sauce eine schöne, dicke Konsistenz hat.

Dauert etwa 20 Minuten

Tipp Diese Sauce passt vor allem zu gekochtem Fleisch sehr gut, aber auch zu kaltem Braten oder Fisch.

1 kleine Zwiebel

1 – 2 Knoblauchzehen

1 Tomate

1 TL Kapern

1 Cornichon (oder 1 kleine Essiggurke)

1 hart gekochtes Ei

1 gute Handvoll frische Kräuter (z. B. Basilikum, Petersilie, Zitronenmelisse, Minze, Estragon, Schnittlauch, Dill)

Saft von 1/2 Zitrone

Salz

Pfeffer aus der Mühle

Olivenöl extra vergine

Salsa di miele e noci
Honig-Nuss-Sauce

50 g geschälte Walnüsse

1 EL Fleischbrühe

1 TL scharfer Senf

100 g Honig

evtl. Cayennepfeffer oder Peperone

1 Die Walnüsse im Mörser zerstoßen oder im Mixer mahlen und sorgfältig mit der Fleischbrühe und dem Senf vermischen.

2 Den Honig zufügen und alles zu einer glatten Sauce verrühren.

3 Die Sauce nach Belieben mit Cayennepfeffer oder Peperone würzen.

Dauert etwa 25 Minuten

Tipp

Diese Sauce wird im Piemont gern zu gekochtem Fleisch serviert. Beispielsweise können Sie sie zusammen mit Salsa verde (Seite 75) gut zu Bollito misto (Seite 177) reichen.

Bagnet verde
Grüne Sauce aus dem Piemont

1 Das Brötchen entrinden, etwa 10 Minuten im Essig einweichen und gut ausdrücken.

2 Den Knoblauch abziehen und grob zerkleinern. Brot, Kapern, Ei, Petersilienblättchen, Knoblauch, Sardellen und 1/2 Glas Olivenöl im Mixer pürieren.

3 Falls die Sauce zu dick ist, noch etwas Olivenöl unterrühren.

4 Die Sauce zum Schluss nach Belieben mit Salz abschmecken.

Dauert etwa 30 Minuten

1 Brötchen

2 – 3 Knoblauchzehen

knapp 1/2 Glas Weinessig

70 g Kapern

1 hart gekochtes Ei

reichlich frische Petersilie

5 – 6 Sardellenfilets

Olivenöl extra vergine

Salz

Tipp

- **Eine der bekanntesten Saucen aus dem Piemont – sie wird dort in der Regel zu gekochtem Fleisch oder gedünstetem Gemüse serviert.**
- **In Ligurien fügt man den Zutaten zudem noch 70 Gramm Pinienkerne hinzu und füllt im Sommer auch Tomaten damit.**

Salsa di patate
Kartoffelsauce

200 g mehlig kochende Kartoffeln
1 großes Bund Petersilie
2 Knoblauchzehen
3 – 4 Sardellenfilets
1 gehäufter EL Kapern
Pfeffer aus der Mühle
Olivenöl extra vergine
1 – 2 EL Balsamessig (oder ein anderer guter Weinessig)

1 Die Kartoffeln in etwa 20 Minuten weich kochen. Leicht abkühlen lassen, pellen und in Stücke schneiden.

2 Die Petersilienblättchen abzupfen, waschen und abtrocknen. Knoblauch abziehen und grob zerkleinern.

3 Kartoffeln, Petersilie, Sardellen, Kapern, Knoblauchzehen und 1 kräftige Prise Pfeffer im Mixer pürieren.

4 Langsam so viel Öl in die Mischung einlaufen lassen, bis die Sauce dick und schaumig wird. Zum Schluss mit dem Essig abschmecken.

Dauert etwa 30 Minuten

Tipps

- **Die Kartoffelsauce passt sehr gut zu gekochtem Fleisch.**
- **In einer größeren Menge zubereitet, können Sie die Sauce auch als eigenständiges kleines Gericht auf ein kaltes Buffet stellen.**

Salsa di basilico
Basilikumsauce

3 große Bund Basilikum
3 Knoblauchzehen
4 Sardellenfilets
evtl. 20 g Pinienkerne
Olivenöl extra vergine
Salz

1 Das Basilikum gut waschen, die Blätter abzupfen, abtrocknen und klein hacken.

2 Den Knoblauch abziehen und zusammen mit den Sardellenfilets klein hacken. Basilikum, Knoblauch, Sardellen und evtl. Pinienkerne im Mörser zerstoßen.

3 Nach und nach so viel Öl zugeben, bis ein dicker Brei entsteht. Mit Salz abschmecken.

Dauert etwa 10 Minuten

Tipp Sie können die Sauce vor dem Servieren auch leicht anwärmen.

Info Diese Sauce erinnert an den berühmten ligurischen Pesto, aber sie wird ohne Käse zubereitet, da man sie in der Regel zu gekochtem Fisch reicht. Unerlässlich ist allerdings frisches, kräftiges Sommerbasilikum.

Salsa di capperi
Kapernsauce

4 gehäufte EL Kapern (gut 100 g)
6 Sardellenfilets
3 Knoblauchzehen
Olivenöl extra vergine
etwas Zitronensaft

1 Kapern und Sardellen fein hacken. Die Knoblauchzehen abziehen, fein hacken und alles pürieren.

2 Nach und nach so viel Öl in einem feinen Faden einlaufen lassen, bis die Sauce die gewünschte Konsistenz hat.

3 Zum Schluss vorsichtig mit Zitronensaft abschmecken.

Dauert etwa 10 Minuten

Tipp Diese Sauce schmeckt gut zu hart gekochten Eiern, gedünstetem Fisch oder Pasta.

Salsa di acciughe
Sardellensauce

1 Sardellenfilets und Eidotter pürieren. Das Püree mit wenig Öl geschmeidig rühren.

2 Abwechselnd den Wein und noch etwas Öl unterrühren, bis die Sauce die gewünschte Konsistenz hat.

3 Die Petersilienblättchen fein hacken und hinzufügen. Kräftig pfeffern und nach Belieben die Kapern untermischen.

8 – 10 Sardellenfilets

3 hart gekochte Eidotter

Olivenöl extra vergine

1 Glas trockener Weißwein

1 Bund Petersilie

Pfeffer aus der Mühle

evtl. 1 EL Kapern, klein gehackt

Dauert etwa 10 Minuten

Salsa peverada
Pfeffersauce mit Hühnerleber

150 g Hühnerleber
150 g Salami
1 Bund Petersilie
1 kleine Zwiebel
2 Knoblauchzehen
4 Sardellenfilets
1 unbehandelte Zitronenschale
Olivenöl extra vergine
Salz
Pfeffer aus der Mühle
3 – 4 El Weißweinessig
2 – 3 EL heiße Fleischbrühe

1 Die Hühnerleber waschen. Von der Salami die Pelle abziehen.

2 Die Petersilie waschen und die Blättchen abzupfen. Zwiebel und Knoblauchzehen abziehen.

3 Hühnerleber, Salami, Sardellenfilets, Zitronenschale, Petersilie und Zwiebel im Mixer pürieren.

4 Die Knoblauchzehen leicht zerquetschen, in einem Topf in etwas Öl andünsten und wieder herausnehmen.

5 Das Püree in einen Topf geben und etwa 10 Minuten auf kleiner Flamme dünsten, dabei häufiger umrühren. Etwas salzen und reichlich pfeffern.

6 Den Weinessig zugießen und einkochen lassen. Die Fleischbrühe unterrühren und die Sauce noch einige Minuten sanft kochen lassen.

Dauert etwa 30 Minuten

Tipp Diese Sauce stammt ursprünglich aus Venetien und wird zu Fleisch, Gemüse oder gekochten Eiern serviert.

Salsa genovese
Sauce aus Genua

1 Schalotten und Knoblauch abziehen und fein hacken. Die Möhren abschaben, waschen und klein hacken.

2 Das Olivenöl in einen kleinen Topf geben und leicht erhitzen. Die gehackten Zutaten hineingeben und andünsten.

3 Lorbeer und Thymian zugeben, salzen und pfeffern. Das Gemüse noch kurz schmoren lassen, dann leicht mit Mehl überstäuben und mit dem Rotwein begießen.

4 Die Sauce eine gute Viertelstunde auf kleiner Flamme sanft kochen lassen. Die Lorbeerblätter herausnehmen und die Sauce durch ein Sieb passieren oder im Mixer pürieren.

Dauert etwa 30 Minuten

Tipp Diese Sauce wird in der Regel warm zu Fisch serviert, sie schmeckt aber auch kalt sehr gut.

6 Schalotten

1 Knoblauchzehe

5 junge Möhren

6 EL Olivenöl extra vergine

1 – 2 Lorbeerblätter

1 Prise Thymian

Salz

Pfeffer aus der Mühle

etwas Mehl

1 Glas schwerer trockener Rotwein

Salsa di pane
Brotsauce

2 mittelgroße Zwiebeln
4 Sardellenfilets
1 scharfer Peperone
6 EL Olivenöl extra vergine
150 g entrindetes trockenes Weißbrot
1 Glas kräftiger Rotwein
Salz
3 EL Butter

1 Die Zwiebeln abziehen und mit den Sardellenfilets fein hacken. Den Peperone entkernen und ebenfalls fein hacken.

2 Das Öl in einem kleinen Topf erhitzen. Die Zwiebeln hineingeben und glasig werden lassen.

3 Die Sardellen und das zerbröckelte Brot hinzufügen. Auf ganz kleiner Flamme zu einem sämigen Brei verrühren.

4 Nach und nach den Rotwein und den Peperone hinzugeben. Die Flüssigkeit einkochen lassen.

5 Die Sauce mit Salz abschmecken und zum Schluss mit der Butter aufschlagen.

Dauert etwa 20 Minuten

Diese Sauce geht auf süditalienische Tradition zurück.

Salsa di marsala all'arancia

Marsalasauce mit Orangen

1 Die Butter in einem Pfännchen zerlassen und unter Rühren das Kartoffelmehl und den Zucker zugeben.

2 Marsala und Peperone zusammen mit gut 1/8 Liter Wasser zufügen und unter ständigem Rühren etwas einkochen lassen.

3 Orangensaft und abgeriebene -schale hinzufügen und die Sauce mit Salz abschmecken.

Dauert etwa 15 Minuten

Tipp Diese Sauce passt sehr gut zu kurz gebratenem oder gegrillten Fleisch, aber Sie können damit auch eine Bratenfarce verfeinern.

100 g Butter

1 TL Kartoffelmehl

2 TL Zucker

gut 1/8 l Marsala

etwas klein gehackter Peperone (oder Cayennepfeffer)

1 unbehandelte Orange

Salz

Frittelle di salvi

Peperonata

Funghi alla partenopea

Palline di spinaci piccanti

Finocchi fritti

Polpettone di verdure alla ligure

Pasticcio di zucchini

Zucca alla ligure

Caponata alla siciliana

Rucola in umido

Broccoli alla siciliana

Sformato di fagiolini

Casseruol

Frittelle di carote

basilico

Verdure
Gemüse

Gemüse spielen in der italienischen Küche eine große Rolle, und man legt dabei Wert auf allergrößte Frische. Angegammeltes Gemüse wird eher fortgeworfen oder an die Kaninchen verfüttert, als dass man ein Gericht damit ruiniert. Häufig wird sehr junges Gemüse, beispielsweise grüne Böhnchen, ganz einfach nur mit Salz und Pfeffer und gutem Olivenöl angemacht.

Viele der folgenden Rezepte können Sie sehr gut auch als Vorspeise oder auf einem kalten Büffet servieren.

Wenn nicht anders angegeben, sind alle Rezepte für 4 Portionen berechnet.

i patate, peperoni e zucchini

Sformato di verza

Pastella per fritti
Ausbackteig

300 g Mehl
15–20 g Hefe
1 TL Melasse
evtl. 1–2 Eier
1 Prise Salz
evtl. etwas Pfeffer aus der Mühle

1 Das Mehl in eine große Schüssel geben. Die Hefe in einem Glas lauwarmem Wasser auflösen, die Melasse hinzufügen und ruhen lassen, bis sich Schaum bildet.

2 Die aufgelöste Hefe und noch ein Gläschen Wasser mit dem Schneebesen oder einer Gabel mit dem Mehl vermischen. Nach Belieben 1 oder 2 Eier unterrühren.

3 Der Teig soll relativ flüssig sein, darf aber nicht zu dünn werden. Falls nötig, noch ein wenig lauwarmes Wasser hinzugeben. Den Teig 30 Minuten an einem warmen Ort ruhen lassen.

4 Salzen und nach Belieben pfeffern und weitere 30 Minuten ruhen lassen. Dann entsprechend weiterverarbeiten.

Dauert etwa 15 Minuten (ohne Ruhezeit)

Info Durch Teig gezogenes und frittiertes Gemüse findet man in den Küchen vieler Regionen Italiens. Es wird häufig als Haupt- oder Zwischengericht serviert, schmeckt aber auch gut als Vorspeise. Ausbackteige kann man auf verschiedene Arten zubereiten: mit Hefe und Wasser, mit Hefe, Wasser und Milch oder auch mit Bier und Mineralwasser.

Fritelle di zucchini
In Teig frittierte Zucchini

1 Die Zucchini waschen und putzen. Längs in nicht zu dünne Scheiben schneiden und quer in jeweils etwa 3 bis 4 gleich große Rechtecke teilen.

2 In einer Fritteuse oder Pfanne reichlich Öl erhitzen.

3 Die Zucchinistücke einzeln in den Teig tauchen und im heißen Öl schwimmend goldbraun ausbacken.

4 Die frittierten Zucchini auf Küchenpapier abtropfen lassen und heiß servieren.

Dauert etwa 20 Minuten

300 g möglichst kleine Zucchini

Öl zum Ausbacken

Ausbackteig von 300 g Mehl (siehe nebenstehendes Rezept)

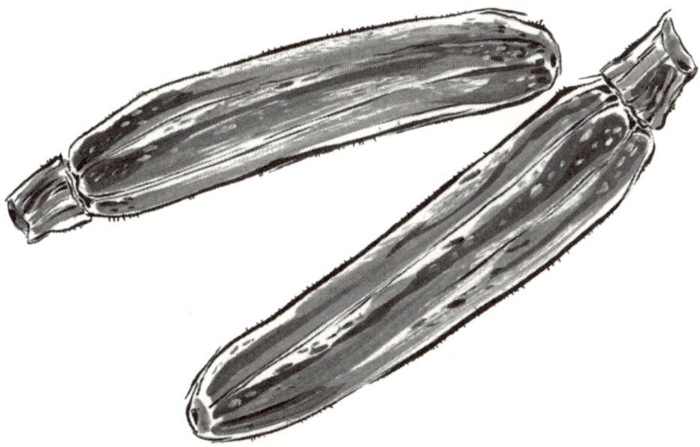

Fritelle di carciofi
In Teig frittierte Artischocken

6 möglichst junge Artischocken

Saft von 2 Zitronen

Salz

Öl zum Frittieren

Ausbackteig von 300 g Mehl (siehe Seite 88)

1 Die Artischocken von den Außenblättern befreien und die harten Spitzen großzügig abschneiden. Das Gemüse längs halbieren, das Heu auskratzen und die Hälften in Spalten schneiden.

2 Den Saft von 1 Zitrone in eine große Schüssel mit Wasser geben und die Spalten hineinlegen.

3 Salzwasser mit dem Saft der zweiten Zitrone in einem Topf zum Kochen bringen und die Artischockenstücke darin einige Minuten vorgaren. Abgießen und trockentupfen.

4 In einer Fritteuse oder tiefen Pfanne reichlich Öl erhitzen.

5 Die Stücke in den Ausbackteig tauchen und portionsweise im Öl goldbraun frittieren. Auf Küchenkrepp abtropfen lassen und heiß servieren.

Dauert etwa 30 Minuten

Fritelle di salvia e basilico
In Teig frittierte Salbei- und Basilikumblätter

Ausbackteig von 300 g Mehl (siehe Seite 88)

ca. 20 große Salbeiblätter

ca. 20 große Basilikumblätter

Öl zum Frittieren

1 Etwas Wasser unter den vorbereiteten Teig rühren, damit er flüssiger wird als im Grundrezept.

2 Die Blätter sehr vorsichtig waschen, damit sie nicht brechen. Mit Küchenkrepp abtrocknen.

3 Reichlich Öl in einer Fritteuse oder Pfanne erhitzen, die Blätter einzeln in den Ausbackteig tauchen und portionsweise im Öl frittieren.

4 Auf Küchenkrepp abtropfen lassen und heiß servieren.

Dauert etwa 30 Minuten

Tipp **In der Regel werden die frittierten Blätter als delikate kleine Vorspeise oder zusammen mit anderem Ausgebackenem serviert.**

Frittelle di carote
Ausgebackene Möhrenplätzchen

600 g Möhren
Salz
evtl. 1 frischer grüner Peperone (oder 1 EL grüne Pfefferkörner)
2 Eier
1 EL Petersilie, fein gehackt
1 EL Cognac
Mehl
Öl zum Ausbacken

1 Die Möhren abschaben, grob zerkleinern und in Salzwasser garen, aber nicht zu weich werden lassen. Nach Belieben den Peperone entkernen und fein hacken.

2 Die Möhren pürieren und den dabei austretenden Saft abgießen.

3 1 Ei, Petersilie, Peperone oder Pfeffer, Cognac und etwas Salz unter das Püree mischen. Nach und nach so viel Mehl unterrühren, bis der Teig nicht mehr flüssig ist.

4 Aus dem Teig Bällchen formen und flachdrücken. Das zweite Ei verquirlen und auf einen Teller geben, auf einen anderen Teller etwas Mehl geben.

5 Die Plätzchen erst durch das verquirlte Ei, dann durch das Mehl ziehen und in reichlich heißem Öl ausbacken.

6 Die Bällchen auf Küchenkrepp abtropfen lassen und heiß oder lauwarm servieren.

Dauert etwa 50 Minuten

Finocchi fritti
Ausgebackener Fenchel

2–3 Fenchelknollen
Salz
3 Eier
Pfeffer aus der Mühle
frisch geriebene Muskatnuss
Semmelbrösel
Öl zum Ausbacken

1 Die Fenchelknollen putzen, achteln und in etwas kochendes Salzwasser geben. Etwa 10 bis 15 Minuten garen, aber nicht zu weich werden lassen. Anschließend abgießen.

2 Die Eier mit etwas Salz, Pfeffer und Muskat verquirlen.

3 Den Fenchel im verquirlten Ei und in den Semmelbröseln wenden. In reichlich heißem Öl ausbacken.

Dauert etwa 30 Minuten

Zur Abwechslung Nach Belieben können Sie auch einen Ausbackteig zubereiten (siehe Seite 88) und den Fenchel darin eingehüllt frittieren.

Caponata alla siciliana
Sizilianischer Gemüseeintopf

500 g Auberginen
Salz
50 g Rosinen
250 g Zwiebeln
200 g Tomaten
2 Stangen Bleichsellerie
100 g möglichst kleine schwarze Oliven
Olivenöl extra vergine
50 g Kapern
50 g Pinienkerne
1 Bund frisches Basilikum, fein gehackt
1 kleiner Peperone, entkernt und fein gehackt
1/2 Glas Weinessig
1 Prise Zucker

1 Die Auberginen waschen, in Würfel oder Stäbchen schneiden und in ein großes Sieb geben. Großzügig salzen und 1 bis 2 Stunden ziehen lassen, so dass die bittere Flüssigkeit abtropfen kann.

2 Inzwischen die Rosinen in warmem Wasser einweichen. Die Zwiebeln abziehen und in Scheiben schneiden.

3 Die Tomaten kurz mit siedendem Wasser überbrühen, abziehen und kleinschneiden. Den Sellerie waschen und in Stücke schneiden.

4 Die Oliven nach Belieben entkernen und die Rosinen abtropfen lassen. Die Auberginenstücke abwaschen und trockentupfen.

5 In einem niedrigen Topf oder in einer großen Pfanne reichlich Olivenöl erhitzen. Die Auberginenstücke unter Wenden darin garen. Mit dem Schaumlöffel herausheben, auf Küchenkrepp abtropfen lassen und in eine Schüssel geben.

6 Im selben Öl den Sellerie garen, aber nicht zu weich werden lassen, und zu den Auberginen geben.

7 Die Zwiebelscheiben in das Öl geben und leicht anbräunen lassen. Rosinen, Tomaten, Oliven, Kapern, Pinienkerne und die Hälfte des Basilikums zufügen und alles etwa 10 Minuten unter Wenden bei starker Hitze garen.

8 Das Ganze leicht salzen. Auberginen, Sellerie, Peperone, Essig und Zucker hinzufügen, durchrühren und den Essig einige Minuten einkochen lassen.

9 Den Eintopf nochmals mit Gewürzen abschmecken, mit dem restlichen Basilikum bestreuen und entweder sofort servieren oder kalt stellen.

Dauert etwa 50 Minuten (ohne Einsalzzeit)

Zur Abwechslung Dieses sehr typische sizilianische Gericht gibt es in vielerlei Variationen: Sie können beispielsweise die Rosinen und Pinienkerne weglassen und statt dessen gehackte Mandeln hinzugeben. Auch Artischocken oder Paprikaschoten passen in die Gemüsemischung.

Tipp Je nach Belieben können Sie den Sizilianischen Gemüseeintopf noch mit gemahlenem Zimt und Gewürznelken abschmecken.

Cianfotta napoletana
Gemüsetopf aus Neapel

600 g Auberginen
Salz
300 g Kartoffeln
700 g Paprikaschoten
300 g Zwiebeln
1 Knoblauchzehe
250 g Tomaten
Olivenöl extra vergine
Pfeffer aus der Mühle
1 EL frisches Basilikum, fein gehackt
1 EL Petersilie, fein gehackt
1 Prise getrockneter Oregano

Tipp Als typische Sommerspeise wird dieses kampanische Gericht meist lauwarm oder kalt gegessen.

1 Die Auberginen vom Stielansatz befreien, waschen, in Würfel schneiden und mindestens 15 Minuten mit Salz bestreut ziehen lassen. Abspülen und mit Küchenkrepp abtrocknen.

2 Inzwischen die Kartoffeln schälen, waschen und würfeln. Die Paprikaschoten waschen, abtrocknen, von Stielansatz, Rippen und Kernen befreien und in Stücke schneiden.

3 Die Zwiebeln abziehen und in Scheiben schneiden. Knoblauch abziehen und fein hacken. Die Tomaten mit kochendem Wasser überbrühen, abziehen und in Stücke schneiden.

4 Zwiebelscheiben und kurz darauf den Knoblauch mit etwas Olivenöl in einen flachen Topf geben und glasig dünsten.

5 Alle anderen Gemüse hinzugeben, salzen und pfeffern und 1/2 Stunde zugedeckt schmoren lassen. Den Deckel abnehmen und die Flüssigkeit auf großer Flamme noch etwas einkochen lassen.

6 Die Kräuter hinzufügen und erneut mit Gewürzen abschmecken. Sofort servieren.

Dauert etwa 1 Stunde

Casseruola di patate, peperoni e zucchini

Eintopf aus Kartoffeln, Paprikaschoten und Zucchini

3 fleischige Paprikaschoten

400 g Kartoffeln

300 g Zucchini

1 Zwiebel

evtl. 4 Sardellenfilets

Olivenöl extra vergine

1 Knoblauchzehe

evtl. 30 g Kapern

1 Gläschen Weißwein

Fleischbrühe (oder Gemüsebrühe)

Salz

etwas Petersilie, fein gehackt

etwas Majoran, fein gehackt

1 Prise Oregano

einige Basilikumblätter, grob gehackt

1 Die Paprikaschoten waschen, von Rippen und Kernen befreien und in Stücke schneiden. Die Kartoffeln schälen, waschen und in Stücke schneiden. Die Zucchini putzen, waschen und in Scheiben oder Würfel schneiden.

2 Die Zwiebel abziehen, in Scheiben schneiden und – nach Belieben zusammen mit den Sardellenfilets – in wenig Öl auf kleiner Flamme andünsten. Nach 5 Minuten die leicht zerquetschte Knoblauchzehe, Paprikaschoten, Kartoffeln und Zucchini hinzufügen.

3 Das Gemüse 10 Minuten schmoren lassen und dabei immer wieder wenden, damit es nicht ansetzt. Nach Belieben die Kapern hinzufügen. Den Wein angießen und einkochen lassen.

4 2 Schöpflöffel heiße Brühe hinzugeben, leicht salzen und den Eintopf etwa 30 Minuten schmoren lassen.

5 Zum Schluss den Knoblauch herausnehmen, die Würzkräuter hinzufügen, nochmals umrühren und sofort servieren.

Dauert etwa 1 Stunde

Parmigiana di melanzane
Auberginen mit Mozzarella überbacken

800 g Auberginen
Salz
1 kleine Zwiebel
1 Bund Basilikum
800 g geschälte Tomaten
Olivenöl extra vergine
1 Lorbeerblatt
1 Prise Zucker
evtl. 1 Knoblauchzehe
Pfeffer aus der Mühle
250 g Mozzarella
100 g Parmesan, frisch gerieben
2 Eier

1 Die Auberginen waschen, entstielen und längs in Scheiben schneiden. Mit Salz bestreuen und mit einem Gewicht beschwert etwa 1 Stunde ruhen lassen, um die Bitterstoffe herauszulösen.

2 Inzwischen die Zwiebel abziehen und fein hacken. Die Hälfte der Basilikumblätter abzupfen und klein schneiden. Die Tomaten abtropfen lassen und grob hacken.

3 Etwas Olivenöl erhitzen. Die Zwiebel darin andünsten, dann die Tomaten, die gehackten Basilikumblätter, Lorbeerblatt und Zucker hinzufügen. Nach Belieben die Knoblauchzehe abziehen und zufügen.

4 Auf kleiner Flamme alles etwa 20 Minuten zu einer dicken Sauce einkochen lassen.

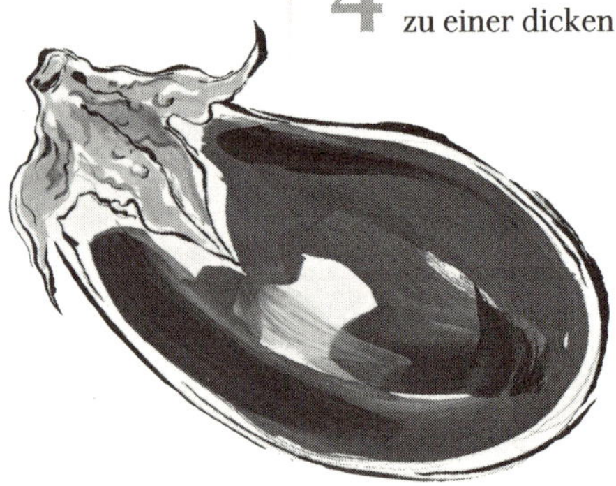

5 Die Sauce kräftig mit Salz und Pfeffer würzen und eventuell den Knoblauch herausnehmen.

6 Die Auberginenscheiben waschen, gut ausdrücken und mit Küchenkrepp abtrocknen. Den Backofen auf 200 °C vorheizen. Reichlich Öl erhitzen und die Auberginen darin auf beiden Seiten goldgelb frittieren. Auf Küchenkrepp abtropfen lassen.

7 Den Mozzarella in Würfelchen oder dünne Scheiben schneiden. Die restlichen Basilikumblätter abzupfen und grob hacken.

8 In eine feuerfeste Form zuerst etwas Sauce geben. Eine Schicht Auberginenscheiben darüber verteilen, mit Mozzarella, Parmesan und Basilikum bestreuen. Etwas Tomatensauce darübergeben, dann wieder eine Schicht Auberginen und so weiter, bis alle Zutaten aufgebraucht sind. Die letzte Schicht besteht aus Tomatensauce, die zuvor mit den Eiern, etwas Parmesan und dem restlichen Basilikum verquirlt wird.

9 20 Minuten im vorgeheizten Ofen (Umluft 180 °C, Gas Stufe 3 bis 4) überbacken.

Dauert etwa 1 Stunde 30 Minuten (ohne Einsalzzeit)

Zur Abwechslung Die Parmigiana können Sie auch mit Zucchini anstelle von Auberginen zubereiten.

Tipp Die Parmigiana schmeckt heiß ebenso gut wie lauwarm oder kalt und kann sowohl als Vorspeise sowie als Hauptgericht serviert werden.

Peperonata
Paprikagemüse

4–5 fleischige Paprikaschoten
1 Zwiebel
evtl. 4 Sardellenfilets
Olivenöl extra vergine
1 Knoblauchzehe
evtl. 30 g Kapern
1 Gläschen Weißwein
400 g Tomaten
1 Prise Oregano
Salz
1 Bund Basilikum

1 Die Paprikaschoten waschen, von Stielansatz, Rippen und Kernen befreien und in Stücke schneiden.

2 Die Zwiebel abziehen, in Scheiben schneiden und – nach Belieben zusammen mit den Sardellenfilets – in etwas Öl auf kleiner Flamme andünsten.

3 Nach 5 Minuten den Knoblauch abziehen, durchdrücken und zusammen mit den Paprikastücken hinzufügen. 10 Minuten unter Rühren schmoren lassen. Den Wein – und nach Belieben die Kapern – hinzufügen und einkochen lassen.

4 Die Tomaten mit kochendem Wasser überbrühen, abziehen und klein schneiden. Tomaten, Oregano und etwas Salz in den Topf geben und alles 30 bis 40 Minuten schmoren lassen, je nachdem, wie weich das Gemüse werden soll.

5 Zum Schluss die Basilikumblätter von den Stielen streifen, grob zerzupfen und hinzufügen. Nochmals gut umrühren und sofort servieren.

Dauert gut 1 Stunde

Tipp **Die Peperonata schmeckt auch kalt sehr gut und kann auf einem sommerlichen Büfett serviert werden.**

Pomodori e zucchini al forno

Tomaten und Zucchini im Ofen gegart

1 Die Tomaten kurz in kochendes Wasser tauchen und abziehen. Die Hälfte der Tomaten in Achtel, den Rest in dünne Scheiben schneiden.

2 Zucchini putzen, waschen, abtrocknen und quer halbieren, dann in etwa 1/2 Zentimeter dicke Längsstifte teilen. Die Brotscheiben diagonal in 4 Dreiecke teilen.

3 Das Brot in 20 Gramm Butter von beiden Seiten goldbraun rösten. Die Käsescheiben auf die gleiche Größe zuschneiden und auf die Brote legen. Den Ofen auf 180 °C vorheizen.

4 Den Boden einer feuerfesten Form einölen. Nacheinander Tomatenachtel, Zucchini und Brot einschichten. Mit den Tomatenscheiben bedecken, salzen, pfeffern und mit Oregano würzen. Etwas Olivenöl darüber träufeln und mit Semmelbröseln bestreuen. Restliche Butter in Flöckchen daraufsetzen.

5 Die Form mit Alufolie abdecken und in den vorgeheizten Ofen (Umluft 160 °C, Gas Stufe 2 bis 3) schieben. Nach 20 Minuten die Folie abnehmen und den Auflauf weitere 30 Minuten garen.

Dauert etwa 1 Stunde

350 g feste, reife Tomaten

2–3 mittelgroße Zucchini

2 Scheiben Toastbrot

40 g Butter

2 Scheiben Fontina-Käse (ca. 70 g)

Olivenöl extra vergine

Salz

Pfeffer aus der Mühle

etwas gerebelter Oregano

3 gehäufte EL Semmelbrösel

Tipp Dieses Gericht eignet sich gut als Vorspeise, aber auch als kleiner sommerlicher Imbiss.

Zucchini col ripieno di amaretti

Zucchini mit Amarettifüllung

4 Zucchini
Salz
50 g Amaretti
1 mittelgroße Zwiebel
Butter
1 Ei
4 EL Parmesan, frisch gerieben
etwas Petersilie, fein gehackt
Pfeffer aus der Mühle
frisch geriebene Muskatnuss

Info **Dieses Gericht eignet sich auch als Vorspeise oder – in Stücke geschnitten – als kleines Häppchen zum Aperitif, denn die Zucchini schmecken lauwarm oder kalt gleichermaßen gut.**

1 Die Zucchini waschen, vom Stielansatz befreien und in kochendes Salzwasser geben. Einige Minuten darin blanchieren, anschließend herausnehmen und abkühlen lassen.

2 Die Zucchini halbieren und so viel Fruchtfleisch herauskratzen, dass gut füllbare Schiffchen entstehen. Die Zucchinihälften mit der Innenseite nach unten abtropfen lassen. Das Fruchtfleisch fein hacken, in einem Sieb kurz abtropfen lassen und in eine Schüssel geben. Den Backofen auf 200 °C vorheizen.

3 Amaretti zerstoßen. Zwiebel abziehen, fein hacken und kurz in wenig Butter andünsten. Zwiebelwürfel, Amarettibrösel, Ei, Parmesan und Petersilie zum Zucchinifleisch geben.

4 Alles gut vermischen und mit Pfeffer und Muskat abschmecken. Mit der Mischung die Zucchinihälften füllen und kleine Butterflöckchen daraufsetzen.

5 Die gefüllten Zucchinihälften in eine leicht gebutterte feuerfeste Form setzen und im vorgeheizten Ofen (Umluft 180 °C, Gas Stufe 3 bis 4) etwa 20 Minuten garen.

Dauert etwa 40 Minuten

Pasticcio di zucchini
Zucchiniauflauf

- 2–3 Zucchini
- 4–5 mittelgroße Kartoffeln
- Salz
- 250 g Mozzarella
- 3 Wiener Würstchen
- 80 g schwarze Oliven
- 1 Ei
- 40–50 g Parmesan, frisch gerieben
- evtl. Pfeffer aus der Mühle
- Olivenöl extra vergine
- 1 Prise Oregano

1 Die Zucchini waschen und den Stielansatz entfernen. Die Kartoffeln schälen und waschen. Beide Gemüse in leicht gesalzenem Wasser garen und anschließend im Mixer pürieren.

2 Inzwischen den Mozzarella in dünne Scheiben schneiden, die Würstchen würfeln und die Oliven entkernen.

3 Das Püree in eine Schüssel geben und mit dem Ei und dem Parmesan vermischen, nach Belieben auch pfeffern. Den Backofen auf 200 °C vorheizen.

4 Eine große feuerfeste Form einölen und die Hälfte des Gemüsepürees hineingeben. Die Oberfläche glatt streichen. Mozzarella, Würstchen und Oliven gleichmäßig darüber verteilen. Mit Oregano bestreuen und mit dem restlichen Püree bedecken.

5 Die Oberfläche wiederum glatt streichen und mit etwas Olivenöl beträufeln. Den Zucchiniauflauf im vorgeheizten Ofen (Umluft 180 °C, Gas Stufe 3 bis 4) etwa 30 Minuten goldbraun backen.

Dauert etwa 1 Stunde 30 Minuten

Carciofi con la mozzarella
Artischocken mit Mozzarella

8 zarte, junge Artischocken

Saft von 1 Zitrone

200 g Mozzarella, fein gewürfelt

20 g Parmesan, frisch gerieben

20 g Pecorino, frisch gerieben

1 EL Semmelbrösel

1 EL Petersilie, fein gehackt

1 verquirltes Ei

Salz

Pfeffer aus der Mühle

8 Sardellenfilets

1 Glas Olivenöl

1 Die Artischocken von den äußeren harten Blättern befreien. Dornige Spitzen und Stiele abschneiden und in eine Schüssel mit kaltem Zitronenwasser geben.

2 Mozzarella, Parmesan, Pecorino, Semmelbrösel, Petersilie, Ei, Salz und Pfeffer gut vermengen. Den Backofen auf 180 °C vorheizen.

3 Die Artischocken abtrocknen und die Blätter auseinanderdrücken. Die Füllung auf die Vertiefungen verteilen. Auf jede Artischocke ein Sardellenfilet legen.

4 Die gefüllten Artischocken in einen flachen feuerfesten Topf setzen und mit etwas Öl beträufeln. So viel Wasser angießen, dass es etwa die Mitte der Artischocken erreicht, und das restliche Öl hinzugeben.

5 Den Topf zudecken und auf mittlerer Stufe etwa eine Viertelstunde bei kleiner Flamme leicht kochen lassen, bis das Wasser weitgehend verdunstet ist.

6 Weitere 15 Minuten im vorgeheizten Ofen (Umluft 160 °C, Gas Stufe 2 bis 3) garen.

Dauert etwa 45 Minuten

Broccoli alla siciliana
Brokkoli auf sizilianische Art

1 Den Brokkoli waschen und in Röschen teilen. Die Sardellenfilets halbieren. Die Zwiebel abziehen und in Ringe schneiden.

2 So viel Öl in einen Terracottatopf oder einen anderen schweren Topf geben, dass der Boden bedeckt ist.

3 Eine dünne Schicht Zwiebelringe hineinlegen, einige Brokkoliröschen darüber verteilen. Mit Sardellenfilets und Oliven bestreuen, salzen und pfeffern und mit ein wenig Olivenöl beträufeln. In dieser Reihenfolge fortfahren, bis alle Zutaten aufgebraucht sind. Zum Schluss noch mit etwas Öl beträufeln und mit dem Wein begießen.

4 Zugedeckt auf kleinster Flamme 20 bis 30 Minuten schmoren lassen, ohne dass die Röschen zerfallen.

Dauert etwa 50 Minuten

1 kg Brokkoli

8–10 Sardellenfilets

1 große Zwiebel

Olivenöl extra vergine

150 g schwarze oder grüne Oliven

Salz

Pfeffer aus der Mühle

1 Glas Rotwein

Tipp **Nach Belieben können Sie den Brokkoli auch in einer feuerfesten Form im Ofen garen.**

Carciofi alla villanella Artischocken mit Sardellen und Kapern

8 zarte, junge Artischocken
Saft von 1 Zitrone
1 Zwiebel
1 Knoblauchzehe
4 Sardellenfilets
1–2 EL Kapern
Olivenöl extra vergine
6 EL Semmelbrösel
1/2 TL Zucker
Salz
Pfeffer aus der Mühle
Petersilie, fein gehackt

Tipp Für die berühmten Carciofi alla romana (Artischocken mit Kräutern und Knoblauch) die Artischocken mit einer Mischung aus je 1 Hand voll gehackter Minze und Petersilie, 2 gehackten Knoblauchzehen, Pfeffer und Salz füllen. 40 Minuten überbacken.

1 Die Artischocken von den äußeren harten Blättern befreien, die dornigen Spitzen und die Stiele abschneiden. Die Artischocken in eine Schüssel mit kaltem Wasser und Zitronensaft geben, damit sie sich nicht verfärben.

2 Zwiebel und Knoblauch abziehen und fein hacken. Die Sardellen und die Kapern fein hacken. Den Backofen auf 200 °C vorheizen.

3 Etwas Olivenöl in einer Pfanne erhitzen. Semmelbrösel, Sardellenfilets, Zucker, etwas Salz und reichlich Pfeffer kurz darin anrösten. Mit Zwiebel, Knoblauch, reichlich Petersilie und den Kapern vermischen.

4 Die Artischocken aus dem Zitronenwasser nehmen, abtrocknen und die Blätter auseinanderdrücken. Die Füllung auf die Vertiefungen verteilen.

5 Gefüllte Artischocken dicht nebeneinander in eine feuerfeste Form setzen. Mit Wasser und Öl zu gleichen Teilen knapp bedecken. Etwa 30 Minuten zugedeckt im vorgeheizten Ofen (Umluft 180 °C, Gas Stufe 3 bis 4) garen.

Dauert etwa 45 Minuten

Coste gratinate
Überbackene Mangoldstiele

1 kg Mangoldstiele

Salz

70 g Butter

100 g Parmesan, frisch gerieben

frischer (oder getrockneter) Majoran, fein gehackt

1 Die Mangoldstängel waschen, putzen und etwa 10 Minuten in Salzwasser garen. Anschließend abtropfen lassen und in etwa 5 Zentimeter lange Stücke schneiden, dabei die herausstehenden Fasern entfernen.

2 Eine feuerfeste Form mit Butter ausstreichen. Den Backofen auf 200 °C vorheizen.

3 Eine Lage Mangoldstiele in die Form geben, mit Parmesan bestreuen, Butterflöckchen darüber verteilen und mit etwas Majoran würzen. In dieser Reihenfolge fortfahren, bis alle Zutaten aufgebraucht sind. Die oberste Schicht besteht aus Parmesan und Butter.

4 Die Mangoldstiele 20 Minuten im vorgeheizten Ofen (Umluft 180 °C, Gas Stufe 3 bis 4) garen.

Dauert 30 Minuten

Zur Abwechslung

- Statt mit Majoran können Sie nach Belieben auch mit frisch geriebenem Muskat würzen.
- Sie können die vorgegarten Mangoldstiele auch in einen Ausbackteig hüllen (siehe Seite 88) und in reichlich Öl in der Pfanne ausbacken.

Palline di spinaci piccanti
Pikante Spinatbällchen

1 kg Blattspinat
Salz
2–4 Knoblauchzehen
1/2–1 frischer Peperone
1 Spritzer Zitronensaft
5 EL Olivenöl

Tipp Die Spinatbällchen schmecken lauwarm oder kalt als Vorspeise und sehen mit Zitronenscheiben garniert auf einem Büfett sehr dekorativ aus. Sie können sie aber auch als Beilage zu Fleisch servieren.

1 Den Spinat putzen und waschen, tropfnass in einen Topf geben und mit etwas Salz bestreuen. Bei mittlerer Hitze zugedeckt in etwa 5 Minuten zusammenfallen lassen.

2 Den Spinat mit kaltem Wasser abschrecken und in einem Sieb abtropfen lassen. Den Knoblauch abziehen, den Peperone entkernen. Beides sehr fein hacken und mit Zitronensaft und Öl zu einer Sauce verrühren.

3 Den Spinat ausdrücken und nach Belieben grob hacken. Etwas Sauce daruntermischen, Bällchen daraus formen und mit der restlichen Sauce begießen.

Dauert etwa 20 Minuten

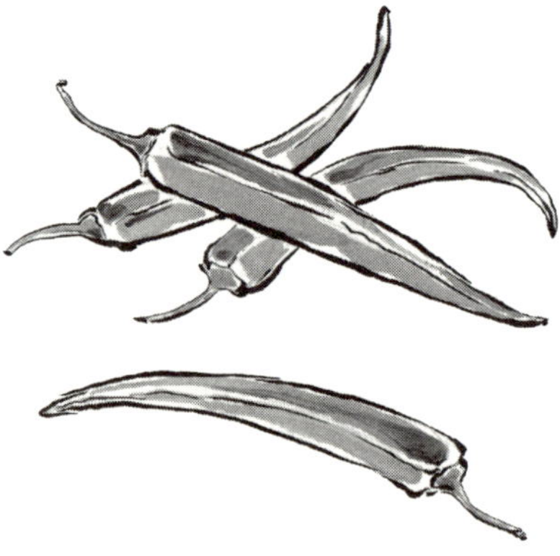

Cavolfiore e broccoli con la mozzarella

Blumenkohl und Brokkoli mit Mozzarella

1 Blumenkohl und Brokkoli in Röschen teilen. Die kleinen Brokkoliblätter beiseite legen. Die Röschen in leicht gesalzenem Wasser etwa 15 bis 20 Minuten sieden, aber nicht zerfallen lassen. Zum Schluss die Blätter kurz mitgaren.

2 Inzwischen die Eier schälen, zusammen mit Mozzarella und Sardellenfilets klein hacken und mit dem in Scheiben geschnittenen Knoblauch in eine Schüssel geben. Alle weiteren Zutaten hinzufügen und gut vermischen.

3 Das gegarte Gemüse abgießen und in eine große Schüssel geben. Sehr vorsichtig mit der vorbereiteten Mischung vermengen und sofort auf den Tisch bringen.

Dauert etwa 40 Minuten

Tipp Schmeckt heiß, lauwarm und kalt.

300 g geputzter Blumenkohl

300 g geputzter Brokkoli

Salz

4 hartgekochte Eier, geschält

200 g Mozzarella

4 Sardellenfilets

1 Knoblauchzehe

1 große Handvoll grüne und schwarze Oliven

1 EL Petersilie, fein gehackt

Salz

1/2 – 1 scharfer Peperone, entkernt und fein gehackt

Saft von 1 Zitrone

4 EL Olivenöl extra vergine

Broccoli con acciughe
Brokkoli mit Sardellen

1 kg geputzter Brokkoli
Olivenöl extra vergine
2 Knoblauchzehen
5–6 Sardellenfilets
Salz
evtl. 1 TL Kapern
evtl. etwas Peperone, fein gehackt (oder Cayennepfeffer)
evtl. etwas heiße Brühe

1 Den Brokkoli in Röschen teilen, den Strunk in Stücke schneiden. Etwas Öl in einen Topf geben. Den Knoblauch abziehen und fein hacken. Sardellenfilets und Knoblauch unter Rühren sanft darin schmoren, bis die Sardellen völlig zerfallen sind.

2 Den Brokkoli hineingeben, gut untermischen, salzen und nach Belieben Kapern und Peperone hinzugeben.

3 Den Topf zudecken, die Flamme klein stellen und das Gemüse etwa 20 Minuten schmoren lassen. Zwischendurch vorsichtig umrühren und eventuell etwas Wasser oder Brühe angießen, damit der Brokkoli nicht ansetzt.

Dauert etwa 40 Minuten

Tipp Statt Sardellenfilets können Sie Schinkenspeckwürfel nehmen.

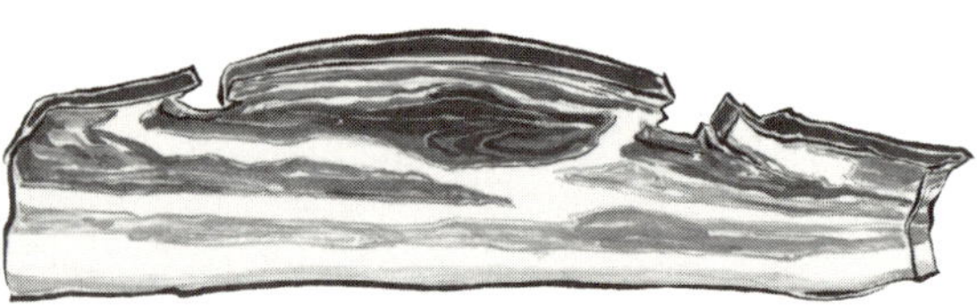

Sformato di verza
Wirsingsoufflé

1 Den Wirsing von Strunk und äußeren Blättern befreien, halbieren und möglichst fein schneiden. Die Zwiebel abziehen und fein hacken.

2 Kohl und Zwiebel mit den Lorbeerblättern in der Hälfte der Butter und etwas Öl dünsten. Salzen, pfeffern und auf kleinster Flamme 15 Minuten schmoren lassen. Evtl. Fett oder Brühe zugeben, damit der Kohl nicht anbrennt.

3 Eier trennen und das Eiweiß steif schlagen. Die Basilikumblätter abzupfen, waschen und trockentupfen.

4 Lorbeerblätter herausnehmen und den Wirsing mit Basilikum und Crème fraîche pürieren. Etwas abkühlen lassen. Eigelbe und Käse untermischen und zuletzt den Eischnee unterziehen. Den Ofen auf 200 °C vorheizen.

5 Eine Form mit der restlichen Butter einfetten, mit Semmelbröseln ausstreuen. Das Gemüse einfüllen. Die Form in eine mit warmem Wasser gefüllte Kasserolle setzen, in den Ofen (Umluft 180 Grad, Gas Stufe 3 bis 4) schieben und 45 Minuten garen. Das Soufflé einige Minuten abkühlen lassen, stürzen und aufschneiden.

Dauert etwa 1 Stunde 30 Minuten

1 mittelgroßer Wirsing (oder Weißkohl)

1 Zwiebel

2 Lorbeerblätter

50 g Butter

Olivenöl extra vergine

Salz

Pfeffer aus der Mühle

evtl. heiße Fleischbrühe

6 Eier

1 großes Bund Basilikum (oder Petersilie)

200 g Crème fraîche

100 g Parmesan, frisch gerieben

Semmelbrösel für die Form

Tipp **Nach Belieben mit Käse- oder Tomatensauce servieren.**

Involtini di verza con porri

Wirsingröllchen mit Porreefüllung

1 Wirsing (ca. 1 kg)
1 1/2 kg Porree
Olivenöl extra vergine
Salz
Pfeffer aus der Mühle
Fleischbrühe (oder Gemüsebrühe)

1 Die äußeren Wirsingblätter so vorsichtig wie möglich ablösen, damit sie nicht reißen. Das Wirsingherz für ein anderes Rezept verwenden.

2 Den Porree säubern, den grünen Teil abschneiden und anderweitig verwenden. Die weißen Teile vom Porree waschen und in feine Scheiben schneiden oder grob hacken.

3 Einige Esslöffel Öl in einem weiten Topf erhitzen. Den Porree hineingeben, salzen und pfeffern und zugedeckt auf kleiner Flamme etwa 15 Minuten schmoren lassen. Hin und wieder umrühren und etwas Brühe angießen, damit das Gemüse nicht ansetzt.

4 Den Deckel abnehmen, die Hitze etwas höher stellen und den Porree leicht bräunen lassen. Den Topf vom Feuer nehmen.

5 Inzwischen die Wirsingblätter waschen und in einem zweiten Topf einige Minuten in kochendem Salzwasser blanchieren. Die Blätter herausheben, leicht trockentupfen und jeweils etwas Porree daraufgeben. Die Blätter seitlich einschlagen und so eng wie möglich einrollen.

6 Den Backofen auf 200 °C vorheizen. Eine feuerfeste Form einfetten, die Wirsingröllchen vorsichtig hineinlegen und noch mit etwas Öl beträufeln. Mit einigen Esslöffel Brühe oder Wasser befeuchten und die Form mit Alufolie zudecken.

7 Im vorgeheizten Ofen (Umluft 180 °C, Gas Stufe 3 bis 4) etwa 20 Minuten garen, bis die Kohlblätter weich sind.

Dauert etwa 1 Stunde 20 Minuten

Tipp Die Wirsingröllchen sind eine köstliche Beilage zu Fleisch, eignen sich aber auch als Hauptgericht – in diesem Fall können Sie sie nach Belieben noch mit Reibekäse bestreuen oder eine Sauce Ihrer Wahl dazu servieren.

Involtini di cavolo bianco
Weißkohlrouladen

1 kleiner Weißkohl
Salz
Pfeffer aus der Mühle
150 g Parmesan, frisch gerieben
reichlich frischer (oder getrockneter) Thymian, fein gehackt
Olivenöl extra vergine
4 Knoblauchzehen
1 Zweig Rosmarin
1 Glas Weißwein
evtl. heiße Fleischbrühe

Tipp **Sie können diese kleinen Rouladen heiß oder lauwarm servieren – sowohl als Vorspeise wie auch als Beilage zu Fleischgerichten.**

Dauert 50 bis 60 Minuten

1 Den Kohl waschen, säubern, den Strunk keilförmig herausschneiden und etwa 10 Minuten in leicht gesalzenem Wasser sieden. Den Kohl herausnehmen und die Blätter, die sich gut lösen, abziehen. Den Kohl evtl. weiter garen, bis etwa 16 Blätter abgelöst sind. Die Blätter auf der Arbeitsfläche auslegen und die Mittelrippen etwas flachklopfen. Leicht salzen und pfeffern.

2 Die Hälfte des Parmesans und je 1 kräftige Prise Thymian auf den Kohlblättern verteilen. Die Blätter seitlich einschlagen, eng einrollen und die Rouladen mit Küchengarn umwickeln.

3 In zwei Pfannen Olivenöl geben und mäßig erhitzen. Knoblauchzehen leicht zerdrücken und auf die beiden Pfannen verteilen, leicht andünsten und herausnehmen.

4 Die Röllchen in die Pfannen legen und mit Rosmarin bestreuen. Je 1/2 Glas Wein angießen, kurz einkochen lassen und alles zugedeckt 20 Minuten schmoren lassen. Nach der halben Garzeit wenden und Brühe angießen, falls der Bratenfond zu sehr eingekocht ist.

5 Die Röllchen anrichten und den Fond darübergießen. Mit dem restlichen Parmesan bestreuen.

Rucola in umido
Rucola in Tomatensauce

1 Rucola waschen und putzen. Große Blätter klein schneiden. Zwiebel und Knoblauch abziehen. Die Zwiebel in dünne Scheiben schneiden und die Knoblauchzehe leicht zerdrücken.

2 Die Tomaten mit kochendem Wasser überbrühen, abziehen und klein schneiden.

3 In einem Topf etwas Öl erhitzen, Zwiebelscheiben und Knoblauchzehe darin andünsten. Den Peperone fein hacken.

4 Die Tomaten hinzufügen, salzen und mit dem Peperone würzen. 10 Minuten im offenen Topf leicht kochen lassen.

5 Rucola hineingeben, 2 bis 3 Esslöffel heiße Brühe zugießen und alles zugedeckt weitere 10 Minuten schmoren lassen.

6 Den Deckel abnehmen und den Rucola noch kurz auf kleiner Flamme fertig garen. Erneut abschmecken und sofort heiß servieren.

Dauert etwa 30 Minuten

1 kg Rucola

1 Zwiebel

1 Knoblauchzehe

300 g reife, frische Tomaten

Olivenöl extra vergine

etwas frischer Peperone (oder Cayennepfeffer)

Salz

Fleischbrühe

Ceci in zimino
Kichererbseneintopf aus Ligurien

250 g getrocknete Kichererbsen
Salz
30 g getrocknete Steinpilze
600 g Mangold
1 Zwiebel
1 Stange Bleichsellerie
1 Bund Petersilie
50 g Pinienkerne
Olivenöl extra vergine
1–2 Knoblauchzehen
250 g Tomaten, geschält und kleingehackt
evtl. Pfeffer aus der Mühle
evtl. heiße Fleischbrühe

1 Die Kichererbsen waschen und über Nacht, am besten 24 Stunden, einweichen. Zwischendurch das Wasser mehrmals wechseln.

2 Die eingeweichten Kichererbsen etwa 2 Stunden in siedendem Wasser garen, aber nicht zu weich werden lassen. Nach der halben Garzeit salzen.

3 Die Pilze etwa 10 Minuten in einer Tasse lauwarmem Wasser einweichen, abgießen und klein hacken. Den Mangold waschen und die Stiele von den Blättern trennen. Beides in Streifen schneiden.

4 Die Zwiebel abziehen, Bleichsellerie und Petersilie waschen und alles fein hacken. Die Pinienkerne ebenfalls klein hacken.

5 Zwiebel, Sellerie, Petersilie, Pinienkerne und Pilze in etwas Öl andünsten. Den Knoblauch abziehen, fein hacken und hinzufügen, einige Minuten dünsten und herausnehmen.

6 Kichererbsen und Tomaten hinzugeben. Salzen, nach Belieben pfeffern und ein wenig heißes Wasser angießen.

7 Auf kleiner Flamme im zugedeckten Topf etwa 20 Minuten schmoren. Hin und wieder umrühren und eventuell etwas Wasser oder Brühe zugießen, falls die Flüssigkeit zu sehr einkocht. Die Mangoldstängel und nach 10 Minuten auch die Mangoldblätter hinzugeben. Noch etwa 5 bis 10 Minuten weitergaren.

8 Den Eintopf erneut abschmecken und heiß servieren.

Tipp **Sie können auch gegarte Kichererbsen aus der Dose verwenden. Dann bei Schritt 3 beginnen.**

Dauert etwa 3 Stunden (ohne Einweichzeit)

Cipolline all'uva
Schalotten mit Rosinen

400 g Schalotten
40 g Butter
1 EL Zucker
1 EL Balsamessig
1 Glas Weißwein
1 TL Pfefferkörner
1 EL Sultaninen

1 Die Schalotten abziehen und waschen. In einer Pfanne die Butter erhitzen und die Schalotten darin rundum leicht anbräunen. Den Zucker darüberstreuen und die Schalotten gut darin wenden.

2 Den Essig hinzugeben, nochmals wenden und dann den Wein, die Pfefferkörner und die Sultaninen hinzugeben.

3 Die Schalotten zugedeckt etwa 30 Minuten auf kleinster Flamme schmoren und anschließend im Sud erkalten lassen.

Dauert etwa 45 Minuten

Asparagi alla parmigiana
Spargel aus Parma

2 kg grüner Spargel

Salz

150 g Butter

100 g Parmesan, frisch gerieben

1 Den Spargel nach Bedarf schälen, die holzigen Stellen abschneiden und die Stangen zusammenbinden. Die Bündel aufrecht in einen hohen, schmalen Topf mit kaltem Salzwasser setzen. Die zarten Spitzen sollen aus dem Wasser ragen und nur im Dampf gegart werden.

2 Den Spargel auf mittlerer Flamme mit leicht geöffnetem Deckel 10 bis 20 Minuten garen, bis die Spitzen sich biegen. Abgießen und abtropfen lassen.

3 Die Butter vorsichtig in einem kleinen Topf erhitzen, bis sie schaumig wird.

4 Den Spargel auf einer Platte anrichten. Schichtweise mit Käse bestreuen und mit der Butter übergießen.

Dauert etwa 30 Minuten

Funghi ripieni con patate al forno

Überbackene gefüllte Pilze mit Kartoffeln

8–10 mittelgroße bis große Steinpilze (oder entsprechend mehr große Champignons)

1 EL Petersilie, fein gehackt

2 Knoblauchzehen

100 g Semmelbrösel

Olivenöl extra vergine

1 Ei

Salz

Pfeffer aus der Mühle

500 g Kartoffeln

1 Lorbeerblatt

Weißwein

Tipp **Nach Belieben können Sie der Pilzfüllung noch etwas frisch geriebenen Parmesan beifügen.**

1 Die Pilze mit einem feuchten Tuch sorgfältig putzen. Das Ende der Stiele abschneiden. Die Stiele ablösen und sehr fein hacken.

2 Die Knoblauchzehen abziehen und fein hacken. Zusammen mit den Pilzstielen, der Petersilie, den Semmelbröseln, etwas Olivenöl, dem Ei, Salz und Pfeffer gut miteinander vermengen. Den Backofen auf 180 °C vorheizen.

3 Die Kartoffeln schälen, waschen und in Scheiben schneiden. Einen Topf mit Salzwasser zum Kochen bringen und die Kartoffeln 5 Minuten darin blanchieren, anschließend abgießen und unter kaltem Wasser abschrecken.

4 Eine feuerfeste Form einölen und die Kartoffelscheiben hineinschichten. Die Pilze mit der vorbereiteten Mischung füllen und auf die Kartoffeln setzen.

5 Das Lorbeerblatt dazwischen legen, etwas Weißwein und Öl darüber träufeln. Im vorgeheizten Ofen (Umluft 160 °C, Gas Stufe 2 bis 3) 40 bis 50 Minuten backen.

Dauert etwa 1 Stunde

Funghi alla partenopea
Pilze aus Neapel

500 g Egerlinge
1 Zwiebel
1 Möhre
1 Stange Bleichsellerie
1 Bund Petersilie
Olivenöl extra vergine
1 Knoblauchzehe
1 Glas Weißwein
2 Thymianzweige (oder getrockneter Thymian)
1 Lorbeerblatt
200 g pürierte Tomaten
Salz
Pfeffer aus der Mühle

1 Die Stielenden abschneiden, die Pilze abreiben und in Scheiben schneiden. Die Zwiebel abziehen, Möhre und Sellerie putzen und alles klein hacken. Die Petersilienblättchen abzupfen, waschen und grob hacken.

2 Gemüse und Petersilie in wenig Öl kurz dünsten, den Knoblauch abziehen, durchpressen. Zusammen mit dem Weißwein zugeben und auf großer Flamme etwas einkochen lassen.

3 Die Hitze zurückstellen und das Gemüse noch einige Minuten schmoren lassen. Pilze, Thymianblättchen, Lorbeerblatt und Tomatenpüree hinzufügen.

4 Das Ganze salzen, pfeffern und weitere 15 Minuten zugedeckt schmoren lassen.

Dauert etwa 40 Minuten

Cipolle ripiene alla piemontese

Gefüllte Zwiebeln aus dem Piemont

4 große weiße Gemüsezwiebeln (oder sehr große normale Zwiebeln)
100 g Parmesan, frisch gerieben
1 Ei
2 EL weiche Butter
4 EL Grappa (oder Cognac)
1 Knoblauchzehe, fein gehackt
1 EL Petersilie, fein gehackt
Salz
Pfeffer aus der Mühle
Butter für die Form

1 Den Backofen auf 180 °C vorheizen. Die Zwiebeln so abziehen, dass später beim Aushöhlen ein fester Boden erhalten bleibt.

2 Die Zwiebeln einzeln in Alufolie wickeln und je nach Größe etwa 15 bis 20 Minuten in den vorgeheizten Ofen (Umluft 160 °C; Gas Stufe 2 bis 3) legen. Herausnehmen, auswickeln und etwas abkühlen lassen.

3 Von jeder Zwiebel eine kleine Kappe abschneiden und möglichst viel Fruchtfleisch herauslösen, doch sollten mindestens 2 Zwiebelhäute erhalten bleiben.

4 Das Fruchtfleisch möglichst fein hacken, ein knappes Drittel beiseite legen und anderweitig verwenden. Alle übrigen Zutaten daruntermischen, leicht salzen und kräftig pfeffern. Die Zwiebeln mit der Mischung füllen.

5 Eine feuerfeste Form leicht ausbuttern und die gefüllten Zwiebeln hineinsetzen. Etwa 15 Minuten im Backofen garen.

Dauert etwa 45 Minuten

Zur Abwechslung

- Für eine goldbraune Kruste bestreichen Sie die Oberfläche der Zwiebeln mit verschlagenem Ei und streuen etwas Semmelbrösel darüber.
- Möchten Sie das Gericht noch gehaltvoller machen, hacken Sie zusätzlich 3 große Zwiebeln klein, dünsten sie in Butter und 1 Gläschen Wein weich und gießen etwas Crème fraîche auf. Das Zwiebelmus nochmals kurz erhitzen, in die Form geben und die gefüllten Zwiebeln daraufsetzen.
- Nach Belieben können Sie die Füllung auch mit angebratenem Hackfleisch oder mit fein gehacktem rohem oder gekochtem Schinken, pikanter Salami oder Mortadella anreichern – dann sollten Sie allerdings vorsichtig salzen und pfeffern.
- Wunderbar schmeckt auch eine **Pilzfüllung**: Fein gehackte frische Steinpilze (oder Champignons oder Austernpilze), kleine Würfel von rohem oder gekochtem Schinken und gewürfelten Fontina (oder Gruyère) zu gleichen Teilen miteinander vermischen. Das Zwiebelfleisch und etwas fein gehackte Petersilie untermengen, salzen und pfeffern. Die gefüllten Zwiebeln vor dem Garen mit Semmelbröseln bestreuen und Butterflöckchen daraufsetzen.

Tipp

- **Die gefüllten Zwiebeln können Sie als Vorspeise servieren, als kleines Zwischengericht oder als Beilage zu Fleisch.**
- **Sie können die Zwiebeln auch einfach abziehen und in siedendem Salzwasser blanchieren. In Alufolie vorgegart, bewahren sie jedoch besser ihr Aroma.**

Finocchi dolci
Fenchel in süßer Sauce

4 Fenchelknollen
Salz
1 Zitronenscheibe
evtl. 1 – 2 Knoblauchzehen
100 g Thunfisch aus der Dose
1 große oder 2 kleine Orangen
4 EL Olivenöl extra vergine
30 g Rosinen
50 g Pinienkerne
2 EL Minze, fein gehackt
2 EL Estragon, fein gehackt
Pfeffer aus der Mühle

Tipp **Dieses Gericht eignet sich gut als Vorspeise, auf einem kalten Büfett oder als sommerliches Zwischengericht.**

1 Vom Fenchel den Strunk, die oberen Stiele und die harten Außenblätter entfernen. Das Kraut, soweit es frisch ist, klein hacken und beiseite stellen.

2 Die Knollen längs vierteln und zusammen mit der Zitronenscheibe in so viel kochendes Salzwasser geben, dass der Fenchel gerade bedeckt ist. Den Fenchel etwa 15 Minuten garen, aber nicht zu weich werden lassen.

3 Die Fenchelstücke herausnehmen, abtropfen lassen und in kleine Spalten schneiden.

4 Nach Belieben den Knoblauch abziehen und fein hacken. Den Thunfisch fein zerbröckeln. Die Orangen auspressen.

5 Thunfisch, eventuell Knoblauch, Orangensaft, Fenchelkraut sowie alle übrigen Zutaten zu einer Sauce verrühren. Nach Bedarf noch etwas salzen.

6 Die Sauce über die Fenchelspalten geben und vorsichtig vermischen. Vor dem Servieren gut durchziehen lassen.

Dauert etwa 30 Minuten (ohne Marinierzeit)

Sformato di fagiolini
Bohnensoufflé

1 Die Bohnen putzen, waschen, in etwas kochendes Salzwasser geben und etwa 20 Minuten darin garen. Die Bohnen abgießen, im Mixer pürieren und in eine Schüssel geben.

2 Den Ofen auf 180 °C vorheizen. Die Butter in einem Topf erhitzen und das Mehl unterrühren, bis sich eine glatte Mehlschwitze ergibt. Nach und nach unter ständigem Rühren die Milch zugießen.

3 Bechamelsauce, Eier, Salz, Pfeffer, Parmesan und die Kräuter zu den Bohnen geben. Alles miteinander vermischen. Eine rechteckige feuerfeste Form ausbuttern, mit Semmelbröseln bestreuen und die Mischung hineinfüllen.

4 Die Form in eine größere, mit warmem Wasser gefüllte Kasserolle setzen, in den vorgeheizten Ofen (Umluft 160 °C, Gas Stufe 2 bis 3) schieben und das Soufflé etwa 45 Minuten im Wasserbad garen. Falls das Soufflé dabei zu sehr anbräunt, mit Alufolie bedecken.

5 Das Soufflé herausnehmen, etwas ruhen lassen und auf eine Platte stürzen. Heiß oder lauwarm servieren.

Dauert etwa 1 Stunde 20 Minuten

600 g junge grüne Bohnen

Salz

50 Gramm Butter

2 EL Mehl

knapp 1/2 l Milch

4 Eier

Pfeffer aus der Mühle

50 g Parmesan, frisch gerieben

etwas Petersilie, fein gehackt

etwas Majoran, fein gehackt

Butter für die Form

Semmelbrösel

Tipp Zu diesem Soufflé passt sehr gut eine warme Tomatensauce.

Fagiolini alla menta

Grüne Bohnen mit Minze

800 g junge grüne Bohnen (tiefgekühlt 600 g)

1 Bund Petersilie

einige Zweige frische Minze

1 TL scharfer Senf

1 Gläschen Olivenöl extra vergine

Salz

Pfeffer aus der Mühle

frische Minzeblättchen zum Garnieren

1 Die Bohnen putzen, waschen und in so viel kochendes Salzwasser geben, dass die Bohnen gerade bedeckt sind. Etwa 20 Minuten garen und anschließend abgießen.

2 Inzwischen die Petersilien- und Minzeblättchen abzupfen, waschen und abtrocknen. Blätter, Senf, Öl, etwas Salz und 1 kräftige Prise Pfeffer im Mixer pürieren.

3 Das Püree über die Bohnen geben und vorsichtig untermischen. Einige Minzeblättchen darüberstreuen und lauwarm servieren.

Dauert etwa 30 Minuten

Zur Abwechslung Falls Sie einen leicht säuerlichen Geschmack bevorzugen, geben Sie vor dem Öl noch etwas Zitronensaft in den Mixer.

Finocchi in casseruola
Geschmorter Fenchel

1 Vom Fenchel den Strunk, die oberen Stiele und die harten Außenblätter entfernen. Die Knollen halbieren und in Scheiben schneiden.

2 Zwiebel und Knoblauch abziehen. Die Zwiebel klein hacken, die Knoblauchzehe leicht zerdrücken und beides in etwas Olivenöl dünsten.

3 Den Fenchel hinzufügen und gut umrühren. Etwas Salz, Lorbeerblatt, Parmesan und 1 knappen Schöpflöffel Brühe hinzugeben.

4 Das Gemüse etwa 15 bis 20 Minuten auf kleinster Flamme schmoren lassen. Zum Schluss den Knoblauch herausnehmen, mit Petersilie und Majoran bestreuen und den Fenchel als Beilage servieren.

Dauert etwa 35 Minuten

2–3 Fenchelknollen (je nach Größe)

1 Zwiebel

1 Knoblauchzehe

Olivenöl extra vergine

Salz

1 Lorbeerblatt

50 g Parmesan, frisch gerieben

heiße Fleischbrühe (oder Gemüsebrühe)

Petersilie, fein gehackt

1 Prise Majoran

Fave in fricassea
Saubohnen in Eiersauce

600 g enthülste frische Saubohnen
1 Zwiebel
Olivenöl extra vergine
Salz
Pfeffer aus der Mühle
Petersilie, fein gehackt
Fleischbrühe (oder Gemüsebrühe)
3 Eigelb
Saft von 1/2 Zitrone
etwas abgeriebene Schale 1 unbehandelten Zitrone
50 g Parmesan, frisch gerieben
etwas Minze, fein gehackt
etwas Majoran, fein gehackt

1 Die Saubohnen waschen und abtropfen lassen. Die Zwiebel abziehen, in Scheiben schneiden und in etwas Öl glasig dünsten.

2 Die Bohnen hinzufügen. Salzen, pfeffern, mit etwas Petersilie bestreuen und 1 Schöpflöffel Brühe hinzufügen.

3 Die Bohnen auf kleiner Flamme im zugedeckten Topf 20 bis 30 Minuten kochen lassen. Zum Schluss sollte noch etwas Flüssigkeit im Topf sein, andernfalls noch Brühe zufügen.

4 Inzwischen die Eigelbe mit Zitronensaft, Zitronenschale und etwas Salz sowie Parmesan, Minze und Majoran verquirlen.

5 Die Eimischung unter die fertigen Saubohnen geben und vorsichtig erhitzen, aber auf keinen Fall mehr kochen lassen, weil das Ei sonst gerinnt. Sofort servieren.

Dauert etwa 50 Minuten

Zur Abwechslung

- Nach Belieben können Sie auch noch Erbsen und/oder Artischocken hinzufügen.
- Sie können die Saubohnen auch vollständig durch Erbsen ersetzen.

Polpettone di verdure alla ligure

Gemüseauflauf aus Ligurien

1 Die Zwiebel abziehen. Die Kartoffeln schälen und waschen. Bohnen und Zucchini putzen und waschen. Alles Gemüse in Salzwasser halb gar kochen, im Mixer pürieren und in eine Schüssel geben.

2 Die Eier, 1 Hand voll Semmelbrösel, Majoran, Salz, Pfeffer und Parmesan hinzugeben. Das Püree gut durchmischen, nochmals abschmecken und weitere Semmelbrösel hinzufügen, falls es noch zu flüssig ist.

3 Den Backofen auf 180 °C vorheizen. Eine feuerfeste Form einölen und mit Semmelbröseln ausstreuen. Das Gemüsepüree hineingeben, leicht mit weiteren Semmelbröseln bestreuen und mit Olivenöl beträufeln.

4 Den Auflauf im vorgeheizten Ofen (Umluft 160 °C, Gas Stufe 2 bis 3) 30 bis 40 Minuten darin garen.

Dauert etwa 1 Stunde 10 Minuten

Tipp **Statt der grünen Bohnen können Sie auch Möhren verwenden.**

1 Zwiebel
300 g Kartoffeln
150 g grüne Bohnen
300 g Zucchini
Salz
4 Eier
Semmelbrösel
1 Prise Majoran, fein gehackt
Pfeffer aus der Mühle
50 g Parmesan, frisch gerieben
Olivenöl extra vergine

Tortino di taccole
Zuckerschotenauflauf

400 g Zuckerschoten
1 Zwiebel
1 Knoblauchzehe
Olivenöl extra vergine
300 g Tomaten
Salz
1 Bund Basilikum
4 Eier
50 g Parmesan, frisch gerieben
Pfeffer
3–4 EL Milch

1 Die Zuckerschoten gut waschen. Zwiebel und Knoblauch abziehen. Die Zwiebel fein hacken, die Knoblauchzehe leicht zerdrücken und beides in etwas Öl andünsten. Den Backofen auf 200 °C vorheizen.

2 Die Zuckerschoten zugeben, umrühren und einige Minuten schmoren lassen. Die Tomaten überbrühen, abziehen und klein schneiden.

3 Die Tomaten, etwas Salz und 1 Glas Wasser in den Topf geben, zudecken und etwa 15 Minuten auf kleiner Flamme schmoren lassen. Den Knoblauch herausnehmen. Die Basilikumblätter abzupfen und grob hacken.

4 Eine feuerfeste Form einölen und die Zuckerschoten mit etwas Tomatensauce hineingeben. Die Eier mit dem Parmesan, etwas Salz und Pfeffer, der Milch und dem Basilikum verquirlen und über die Zuckerschoten gießen.

5 Den Auflauf in den vorgeheizten Ofen (Umluft 180 °C, Gas Stufe 3 bis 4) schieben und etwa 10 bis 15 Minuten überbacken, bis das Ei fest geworden ist. Nach Belieben heiß oder auch lauwarm servieren.

Dauert etwa 1 Stunde

Zucca alla ligure
Kürbis aus Ligurien

400 g Kürbisfleisch
2 Knoblauchzehen
Olivenöl extra vergine
1 Lorbeerblatt
2 EL Weinessig
Salz

1 Den Kürbis in Würfel schneiden. Die Knoblauchzehen abziehen und leicht zerdrücken, kurz in etwas Öl dünsten und wieder herausnehmen.

2 Die Kürbiswürfel mit dem Lorbeerblatt in das Öl geben und auf großer Flamme rundum ganz leicht anbräunen.

3 Die Hitze reduzieren und den Kürbis 5 Minuten weiterschmoren lassen. Den Weinessig darüberträufeln und etwas einkochen lassen. Mit Salz abschmecken und das Gemüse heiß servieren.

Dauert etwa 20 Minuten

Peperoni ripieni di tonno

Paprikaschoten mit Thunfischfüllung

4 gleich große Paprikaschoten

2 altbackene Semmeln

150 g abgetropfter Thunfisch aus der Dose

2 EL Petersilie, fein gehackt

1 EL Minzeblättchen, fein gehackt

Olivenöl extra vergine

Salz

Pfeffer aus der Mühle

1 Die Paprikaschoten waschen, längs halbieren und von Rippen und Kernen befreien. Die Semmeln entrinden und kurz in lauwarmes Wasser legen, anschließend ausdrücken und zerkleinern.

2 Den Backofen auf 180 °C vorheizen. Thunfisch zerzupfen und mit Petersilie, Minze, 3 Esslöffel Öl und dem Brot mischen. Mit Salz und Pfeffer abschmecken und in die Paprikahälften geben.

3 Eine feuerfeste Form leicht einölen. Die Schoten hineinlegen und im vorgeheizten Backofen (Umluft 160 °C, Gas Stufe 2 bis 3) 30 bis 40 Minuten garen.

Dauert etwa 50 Minuten

Peperoni farciti
Gefüllte Paprikaschoten

1 Die Paprikaschoten waschen, längs halbieren und von Rippen und Kernen befreien. Die Eier pellen und zusammen mit Kapern und Sardellen sehr fein hacken. Den Backofen auf 180 °C vorheizen.

2 Die Oliven entkernen und fein hacken. Eier, Kapern, Sardellen, Oliven, Parmesan, Semmelbrösel und Kräuter vermischen, salzen und pfeffern und vorsichtig Olivenöl hinzugeben, bis alles geschmeidig wird.

3 Die Fülle in die halbierten Schoten geben. Die Paprikahälften in eine leicht eingeölte feuerfeste Form legen und im vorgeheizten Ofen (Umluft 160 °C, Gas Stufe 2 bis 3) 30 bis 40 Minuten garen.

4 Die gefüllten Schoten heiß, lauwarm oder kalt servieren.

Dauert etwa 50 Minuten

4 gleich große Paprikaschoten

2 hartgekochte Eier

3 EL Kapern

6 Sardellenfilets

80 g schwarze Oliven

80 g Parmesan, frisch gerieben

gut 100 g Semmelbrösel

2 EL Petersilie, fein gehackt

2 EL Basilikum, fein gehackt

Salz

Pfeffer aus der Mühle

Olivenöl extra vergine

Saltimbocca alla romana

Ciâr in bianco al

Filetto di manzo alla sarda

Bistecche all'arrabiata

Costolette di vitello al marsala

Ossobuco alla milanese

Manzo all'umbra

Agnello al vino bianc

Costine di maiale con ceci

Abbacchio al forno con patate

Costata di manzo co

Animelle di vitell

Tortino di carne ai pinoli

Carni
Fleisch

Es gibt so viele gute Fleischgerichte in Italien, so dass die Auswahl keineswegs leicht war. Die kulinarischen Traditionen unterscheiden sich in dieser Hinsicht von Region zu Region. In vielen Gegenden wird Lamm gerne zu Ostern geschlachtet, und Schaffleisch ist vor allem in Mittel- und Süditalien und auf den Inseln sehr beliebt. Gerichte mit Schweinefleisch findet man in vielen Regionen Italiens, da der Platz für zumindest ein Hausschwein nie fehlte. Rindfleischrezepte stammen häufiger aus der Lombardei, da die Poebene reich an Weideland ist. In der Toskana hingegen ist der Bestand an Chiana-Rindern, die traditionell das Fleisch für die berühmte »Bistecca alla fiorentina« lieferten, in den letzten Jahrzehnten stark zurückgegangen.

Wenn nicht anders angegeben, sind alle Rezepte für 4 Portionen berechnet.

Ossobuco alla milanese
Kalbshaxe auf Mailänder Art

4 Scheiben Kalbshaxe (ca. 4 cm dick)
1 Zwiebel
1 Möhre
1 Stange Bleichsellerie
50 g Butter
Olivenöl extra vergine
Mehl zum Wenden
Salz
Pfeffer aus der Mühle
1 Glas Weißwein
250 g pürierte Tomaten
Fleischbrühe

Für die Gramolata
1 Knoblauchzehe
je 1 dünnes Scheibchen unbehandelte Zitronen- und Orangenschale
etwas Petersilie

1 Das Fleisch waschen und trockentupfen. Zwiebel abziehen und fein hacken. Möhre und Sellerie putzen und klein schneiden. In der Butter und etwas Olivenöl dünsten.

2 Die Fleischscheiben leicht in Mehl wenden, zum Gemüse geben und von beiden Seiten kräftig anbraten. Das Fleisch salzen und pfeffern. Den Wein darübergießen und auf kleiner Flamme im offenen Topf einkochen lassen.

3 Das Tomatenpüree und 1 Schöpflöffel heiße Brühe hinzufügen. 90 Minuten im zugedeckten Topf schmoren lassen.

4 Inzwischen alle Zutaten für die Gramolata fein hacken und gut vermischen. Die Kalbshaxe mit der Gramolata bestreuen und mit Risotto servieren.

Dauert etwa 2 Stunden

Zur Abwechslung

- Sie können das Fleisch auch ohne Gramolata zubereiten und statt Safranreis Kartoffelpüree dazu servieren.
- Nach Belieben können Sie 20 Minuten vor Ende der Kochzeit noch 400 Gramm geputzte und fein geschnittene Champignons hinzufügen.

Costolette di vitello al marsala
Kalbskoteletts in Marsala

1 Die Kalbskoteletts leicht in Mehl wenden. Die halbe Zwiebel und den Knoblauch abziehen und fein hacken.

2 Die Butter in einer großen Pfanne schmelzen und die Zwiebel darin glasig dünsten. Knoblauch und Lorbeerblatt hinzufügen und 5 Minuten auf kleiner Flamme dünsten.

3 Die Koteletts hinzufügen und bei starker Hitze von beiden Seiten anbraten.

4 Mit dem Marsala ablöschen und etwa 5 Minuten schmoren lassen, bis der Marsala zur Hälfte eingekocht ist.

5 Die Koteletts salzen und mit der Sauce sofort servieren.

Dauert etwa 25 Minuten

4 Kalbskoteletts (jeweils ca. 200 g)
Mehl zum Wenden
1/2 Zwiebel
1 Knoblauchzehe
50 g Butter
1 Lorbeerblatt
1 Gläschen Marsala
Salz

Saltimbocca alla romana
Kalbsschnitzel mit Schinken und Salbei

500 g Kalbsschnitzel, in dünnen Scheiben

frische Salbeiblätter

ca. 100 g roher Schinken, in feinen Scheiben (nicht zu mager)

50 g Butter

Salz

Pfeffer aus der Mühle

etwas trockener Weißwein

1 Die Schnitzel mit je 1 Salbeiblatt und 1 Scheibe Schinken belegen und mit Holzzahnstochern fixieren.

2 Die Butter in einer Pfanne schmelzen und die Schnitzel auf großer Flamme beidseitig darin anbraten. Das Fleisch vorsichtig salzen und pfeffern. Die Saltimbocca auf einer Platte mit der Schinkenseite nach oben anrichten und warm stellen.

3 Den Bratensaft vom Pfannenboden lösen und mit etwas Wein ablöschen, kurz aufkochen lassen und über das Fleisch gießen.

4 Dazu Kartoffelpüree und gemischten Salat oder gedünstetes Gemüse nach Belieben servieren.

Dauert etwa 10 Minuten

Tipp Sollten die Schnitzel sehr groß ausfallen, halbieren Sie sie lieber und schneiden den Schinken entsprechend zu.

Info »Spring in den Mund« heißt dieses raffinierte Gericht in der Übersetzung. Es lässt sich schnell und mühelos zubereiten und schmeckt köstlich.

Filetto di manzo alla sarda
Rinderfilet auf sardische Art

1 Filet waschen, trockentupfen, in einer Schüssel mit Wein bedecken. Pilze und Petersilie putzen, fein hacken und zur Marinade geben. Mindestens 2 Stunden, nach Möglichkeit über Nacht, zugedeckt an einem kühlen Platz ziehen lassen.

2 Rosmarin, Thymian und Lorbeer fein hacken und mischen. Das Fleisch aus der Marinade nehmen und trockentupfen. Öl in einer Kasserolle erhitzen und das Filet darin bei starker Hitze von allen Seiten anbraten.

3 Salzen, evtl. pfeffern, mit den Würzkräutern bestreuen und mit der abgeseihten Marinade übergießen. Auf großer Flamme erhitzen. Sobald der Wein aufkocht, die Flamme klein stellen und das Fleisch 15 Minuten schmoren lassen, bis der Wein eingekocht ist.

4 Das Fleisch mit 1 Schöpflöffel heißer Brühe übergießen und weitere 15 Minuten schmoren lassen.

5 Die Sardellenfilets fein hacken und zum Schluss zusammen mit der Zitrone hinzufügen. Umrühren und 1 Minute schmoren lassen.

Dauert etwa 40 Minuten (ohne Marinierzeit)

1 kg Rinderfilet
1/2 l Weißwein
100 g Zuchtpilze
Petersilie
1 Zweiglein frischer Rosmarin
1 Zweiglein Thymian
1 frisches Lorbeerblatt
Olivenöl extra vergine
Salz
evtl. Pfeffer
Fleischbrühe
3 Sardellenfilets
1/4 Zitrone

Manzo all'umbra
Rinderbraten aus Umbrien

1 kg Rinderbraten (möglichst aus der Lende)
1 kg Zwiebeln
Olivenöl extra vergine
1 Glas Weißwein
Salz
Pfeffer aus der Mühle
1 Lorbeerblatt
1 Zweig Rosmarin
Fleischbrühe

1 Das Fleisch vom Metzger in Form binden lassen, waschen und trockentupfen. Die Zwiebeln abziehen und vierteln.

2 1 Glas Öl in eine Kasserolle gießen und die Zwiebeln darin andünsten. Mit dem Weißwein ablöschen und den Wein völlig einkochen lassen.

3 Salzen, pfeffern, das Lorbeerblatt und den Rosmarin sowie 1/2 Liter heiße Brühe hinzufügen.

4 Das Ganze aufkochen lassen, die Flamme kleiner stellen und die Zwiebeln 30 Minuten schmoren.

5 Das Fleisch in den Topf geben, noch etwa 1 Schöpflöffel heiße Brühe hinzufügen und zugedeckt weitere 30 Minuten schmoren lassen.

Dauert etwa 1 Stunde 30 Minuten

Tipp **Das Fleisch sollte innen noch ein wenig blutig sein, während die Zwiebeln zu Püree zerfallen sollten.**

Ciâr in bianco alla friuliana
Rinderschmorbraten aus dem Friaul

1 Das Fleisch an mehreren Stellen mit einem scharfen Messer einschneiden. Den Speck stifteln. Je 1 Prise Salz, Pfeffer und Zimt miteinander vermischen und den Speck damit würzen. Das Fleisch mit dem Speck und Gewürznelken spicken.

2 Den Rinderbraten in ein großes Gefäß legen und mit Essig bedecken. Über Nacht im Kühlschrank ziehen lassen.

3 Die Zwiebel abziehen, fein würfeln und in etwas Öl glasig dünsten. Das abgetrocknete Fleisch zugeben und von allen Seiten scharf anbraten. Salzen, pfeffern und den Wein aufgießen. Das Lorbeerblatt hinzufügen.

4 Den Topf erst mit Alufolie und dann mit einem Deckel verschließen. Den Braten auf kleiner Flamme etwa 1 1/2 Stunden garen. In Scheiben schneiden und mit dem Bratenfond servieren.

Dauert etwa 2 Stunden 30 Minuten (ohne Marinierzeit)

1200 g Rinderbraten
100 g fetter Speck
Salz
Pfeffer aus der Mühle
Zimt
2 Gewürznelken
Weißweinessig
1 Zwiebel
Olivenöl extra vergine
1 Glas Weißwein
1 Lorbeerblatt

Costata di manzo con funghi
Rinderlendenbraten mit Pilzen

1200 g Rinderlende am Stück
1 Zwiebel
1 Knoblauchzehe
1 Möhre
1 Stange Bleichsellerie
einige Pfefferkörner
2 Gewürznelken
2 Lorbeerblätter
1 Zweiglein Rosmarin
1/4 Zimtstange
1/2 l kräftiger Rotwein
50 g fetter Speck (oder Schinkenspeck)
600 g beliebige Pilze
50 g Butter
Salz
etwas Petersilie, fein gehackt
Fleischbrühe
Olivenöl extra vergine

1 Das Fleisch waschen, trockentupfen und in eine Schüssel legen.

2 Zwiebel und Knoblauch abziehen und in feine Würfel hacken. Möhre und Sellerie putzen, klein hacken und mit den Zwiebel- und Knoblauchwürfeln zum Fleisch geben. Pfefferkörner, Gewürznelken, Lorbeer, Rosmarin und Zimt ebenfalls hinzufügen.

3 Den Wein darüber gießen und das Fleisch über Nacht zugedeckt an einem kühlen Ort marinieren lassen.

4 Am folgenden Tag die Marinade durch ein Sieb abgießen, die Flüssigkeit auffangen und das Fleisch gut abtrocknen. Den Speck klein schneiden. Die Pilze putzen und in Scheiben schneiden.

5 Die Butter erhitzen, die Pilze hineingeben und einige Minuten auf großer Flamme sautieren. Salzen und mit Petersilie bestreuen. 1 Schöpflöffel heiße Brühe angießen und die Pilze 10 bis 15 Minuten bei geschlossenem Deckel schmoren lassen.

6 In einem Schmortopf den Speck in etwas Öl auslassen. Die Lende hineingeben und von allen Seiten kräftig anbraten.

7 Das Fleisch aus dem Topf nehmen und die Marinade hineingießen. Bei starker Hitze im offenen Topf etwa 10 Minuten einkochen lassen.

8 Die Sauce pürieren oder durch ein Sieb streichen, zurück in den Topf geben und das Fleisch hineinlegen.

9 Das Fleisch etwa 20 Minuten zugedeckt schmoren lassen, so dass es innen noch rosig ist. Den Braten herausnehmen, in Scheiben schneiden und warm stellen.

10 Die geschmorten Pilze in die Sauce geben, alles gut durchrühren, noch einmal erhitzen und über das Fleisch gießen.

Dauert etwa 1 Stunde 10 Minuten (ohne Marinierzeit)

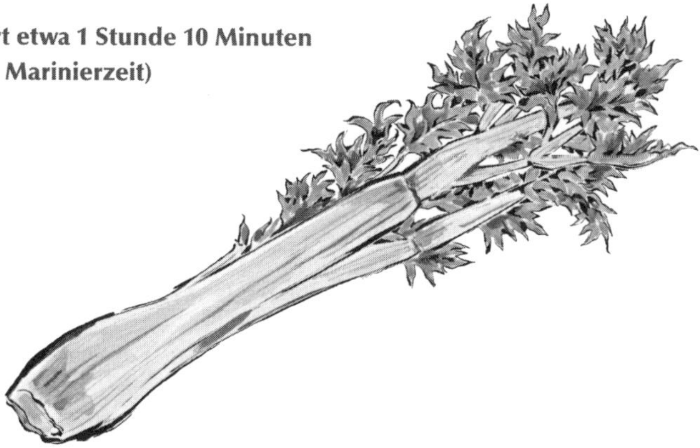

Arrosto ripieno
Gefüllter Rollbraten

1 große Scheibe Rindfleisch (ca. 700 g)
Salz
Pfeffer aus der Mühle
2 Eier
Muskatnuss
etwas Petersilie, fein gehackt
1 EL Parmesan, frisch gerieben
Olivenöl extra vergine
100 g Schinken in Scheiben
150 g Fontina (oder anderer schmelzbarer Käse) in Scheiben
3–4 Mangoldblätter (oder 5–6 Spinatblätter)
1/2 Glas Weißwein

1 Die Fleischscheibe vom Metzger ganz dünn klopfen lassen, waschen und trockentupfen. Leicht salzen und pfeffern.

2 Die Eier mit je 1 Prise Salz, Pfeffer und Muskatnuss sowie Petersilie und Parmesan verquirlen. Den Backofen auf 200 °C vorheizen.

3 Etwas Olivenöl in einer großen Pfanne erhitzen, die Eimischung hineingießen und zu einem dünnen Eierkuchen ausbacken. Den Eierkuchen auf das Fleisch legen, darüber den Schinken und obenauf den Käse geben.

4 Die Mangoldblätter einige Minuten in kochendem Salzwasser blanchieren. Sofort unter kaltem Wasser abschrecken, abtropfen lassen und über die Käsescheiben legen. Die Fleischscheibe zu einem Rollbraten einrollen und mit Küchengarn umwickeln.

5 Eine feuerfeste Form leicht einölen. Öl in einer Pfanne erhitzen und das Fleisch darin rundherum anbraten. Das Fleisch in die Form legen und mit dem Weißwein übergießen. Etwa 30 Minuten im vorgeheizten Ofen (Umluft 180 °C, Gas Stufe 3 bis 4) garen.

Dauert etwa 1 Stunde

Tortino di carne ai pinoli
Hackbraten mit Pinienkernen

- 2 EL Pinienkerne
- 100 g Mortadella
- 400 g mageres Rinderhackfleisch
- 100 g Schweinehackfleisch
- 100 g Parmesan, frisch gerieben
- Semmelbrösel
- 1–2 Eier
- 1 EL Cognac
- Salz
- Pfeffer aus der Mühle
- 1 Prise Majoran
- 1 Prise frisch geriebene Muskatnuss
- 50 g Butter

1 Die Pinienkerne in einer Pfanne ohne Fett leicht anrösten. Die Mortadella durch den Fleischwolf drehen. Den Backofen auf 180 °C vorheizen.

2 Hackfleisch, Mortadella, Parmesan, Pinienkerne, etwas Semmelbrösel und 1 Ei zu einem geschmeidigen Teig verkneten. Falls nötig, ein weiteres Ei oder noch mehr Semmelbrösel hinzugeben. Den Fleischteig mit Cognac und den Gewürzen abschmecken.

3 Eine Springform mit Butter ausfetten, die Fleischmasse in die Form drücken und glatt streichen. Mit Semmelbröseln bestreuen und mit Butterflöckchen belegen.

4 Den Hackbraten im vorgeheizten Ofen (Umluft 160 °C, Gas Stufe 2 bis 3) etwa 50 Minuten backen, bis die Oberfläche leicht gebräunt ist.

5 Aus dem Ofen nehmen und wie einen Kuchen aufschneiden. Nach Belieben heiß, lauwarm oder kalt servieren.

Dauert etwa 1 Stunde 15 Minuten

Bistecche all'arrabbiata

Lendensteaks in pikanter Sauce

4 Rinderlendensteaks (jeweils ca. 200 g)
1 Knoblauchzehe
5 Sardellenfilets
50 g Kapern
Olivenöl extra vergine
150 g schwarze Oliven, entkernt
Cayennepfeffer
Salz
Petersilie, fein gehackt
1/2 Glas trockener Marsala
250 g pürierte Tomaten
40 g Butter

1 Die Steaks waschen und trockentupfen. Knoblauch abziehen und fein hacken.

2 Sardellenfilets und Kapern ebenso fein hacken und zusammen mit dem Knoblauch in etwas Öl in einer großen Pfanne einige Minuten kräftig andünsten. Darauf achten, dass der Knoblauch nicht anbrennt.

3 Die Oliven, 1 Prise Cayennepfeffer, etwas Salz und Petersilie hinzufügen. Mit dem Marsala ablöschen. Den Marsala 5 Minuten bei starker Hitze einkochen lassen. Das Tomatenpüree und ein wenig Wasser hinzufügen und alles 10 Minuten bei kleiner Flamme leicht kochen lassen.

4 Inzwischen in einer anderen Pfanne die Butter zerlassen und die Steaks darin kurz von beiden Seiten kräftig anbraten.

5 Die Steaks zusammen mit dem Bratensaft in die Tomatensauce geben und noch etwa 5 Minuten schmoren lassen. Das Fleisch sollte durchgebraten, aber innen noch ein wenig rosig sein. Erneut abschmecken.

Dauert etwa 30 Minuten

Tipp Auf die gleiche Weise können Sie auch Kalbsschnitzel oder Kalbsmedaillons zubereiten.

Bistecche alla pizzaiola

Lendensteaks mit Tomaten und Mozzarella

4 Rinderlendensteaks (jeweils ca. 200 g)
1 Knoblauchzehe
Olivenöl extra vergine
300 g pürierte Tomaten
Oregano
Salz
200 g Mozzarella (möglichst vom Büffel)
frisches Basilikum, grob gehackt

1 Die Steaks waschen und trockentupfen. Die Knoblauchzehe abziehen. leicht zerdrücken und in einer großen Pfanne mit etwas Öl andünsten. Die Tomaten und 1 Prise Oregano hinzufügen. Salzen und 10 bis 15 Minuten leicht kochen lassen.

2 Den Knoblauch herausnehmen. Die Steaks in die Sauce legen und 2 bis 3 Minuten darin schmoren lassen. Zwischendurch einmal umdrehen und leicht salzen.

3 Den Mozzarella in 4 Scheiben schneiden und die Steaks damit belegen. Oregano und Basilikum darüberstreuen. Die Pfanne zudecken und 2 bis 3 Minuten schmoren lassen, bis der Käse geschmolzen ist.

Dauert 20 bis 30 Minuten

Tipp Nach diesem Rezept können Sie auch Schnitzel zubereiten.

Costine di maiale al pomodoro
Schweinerippchen in Tomatensauce

1 kg Schweine-rippchen
1 Zwiebel
2 Möhren
1 Stange Bleichsellerie
50 g Schinkenspeck
Olivenöl extra vergine
500 g pürierte Tomaten
1 Lorbeerblatt
1 Zweig Rosmarin
Salz
Pfeffer aus der Mühle
Fleischbrühe
etwas frischer Peperone, fein gehackt (oder Cayennepfeffer)

1 Die Schweinerippchen vom Metzger trennen und in der Mitte einmal durchteilen lassen. Das Fleisch waschen und gut trocknen.

2 Zwiebel abziehen, Möhren und Sellerie putzen. Das Gemüse sowie den Schinkenspeck klein hacken. Alles zusammen etwa 5 Minuten in etwas Öl anschmoren.

3 Die Schweinerippchen hinzugeben und von allen Seiten gut anbraten. Weitere 5 Minuten schmoren lassen. Tomatenpüree, Lorbeerblatt und Rosmarin hinzufügen. Salzen, pfeffern und mit etwas heißer Brühe aufgießen.

4 Alles gut durchrühren und auf kleiner Flamme offen 45 bis 60 Minuten sanft kochen lassen.

5 Erneut abschmecken und zum Schluss etwas Peperone unterrühren.

Dauert 45 bis 60 Minuten

Salsiccia all'uccelletto
Schweinsbratwurst mit Kräutern und Oliven

1 Die Bratwurst in 5 bis 6 Zentimeter lange Stücke schneiden. Jedes Stück mit einer Gabel einstechen.

2 Etwas Öl in einer Pfanne erhitzen, den Knoblauch abziehen, leicht zerquetschen und darin andünsten. Die Bratwurst hinzugeben und von allen Seiten gut anbraten.

3 Oliven, Lorbeerblatt und Rosmarin hinzufügen. Ganz vorsichtig salzen. Den Wein zugießen und einkochen lassen.

4 Die Fleischbrühe zugießen und die Wurst noch etwa 10 Minuten schmoren lassen. Zum Schluss den Knoblauch herausnehmen und die Bratwurst heiß servieren.

Dauert 30 bis 40 Minuten

600 g Schweinsbratwurst

Olivenöl extra vergine

2 Knoblauchzehen, leicht zerquetscht

1 Handvoll kleine schwarze Oliven

1 Lorbeerblatt

1 Zweig Rosmarin

Salz

1/2 Glas Weißwein

1 Glas heiße Fleischbrühe

Casseruola di maiale alla milanese

Schweinetopf auf Mailänder Art

1 Schweinepfote
100 g Schweineschwarte
200 g Kochwurst
1 Zwiebel
1 Knoblauchzehe
3 Möhren
2 Stangen Bleichsellerie
50 g Schinkenspeck
70 g Butter
400 g Schweinerippchen
1 EL Tomatenmark
Fleischbrühe
1 Lorbeerblatt
Salz
1 kleiner Wirsing (oder Weißkohl)
Pfeffer aus der Mühle

Tipp Als Beilage wird gerne Polenta serviert, doch wird das Gericht dann sehr mächtig.

1 Schweinepfote und -schwarte falls nötig abflämmen, abschaben und gut waschen. Reichlich Wasser erhitzen und beides 15 Minuten kochen, unter kaltem Wasser abschrecken. Die Schwarte in Stücke schneiden, die Pfote in 4 Teile zerlegen. Die Kochwurst 5 Minuten in heißem Wasser brühen.

2 Zwiebel und Knoblauch abziehen. Möhren und Sellerie putzen. Das Gemüse sowie den Schinkenspeck klein schneiden.

3 Die Butter in einem Topf zerlassen. Gemüse und Speck hineingeben und auf kleiner Flamme dünsten. Die gewaschenen Schweinerippchen, Schwarte und Pfote dazugeben und kräftig von allen Seiten schmoren.

4 Das Tomatenmark, 1 Schöpflöffel heiße Brühe und das Lorbeerblatt hinzufügen. Salzen und den Schweinetopf 2 Stunden auf kleiner Flamme zugedeckt sanft kochen lassen.

5 Wirsing waschen und in Streifen schneiden. Wirsing und Kochwurst zum Fleisch geben und 30 Minuten schmoren. Evtl. Brühe zufügen. Zum Schluss mit Pfeffer abschmecken.

Dauert etwa 3 Stunden

Costine di maiale con ceci
Schweinerippchen mit Kichererbsen

1 Die Schweinerippchen vom Metzger in Stücke hacken lassen. Rippchen und Lende waschen und trockentupfen.

2 Kichererbsen in reichlich Wasser 12 bis 24 Stunden einweichen. Zwischendurch mehrfach das Wasser wechseln. Die eingeweichten Kichererbsen 2 Stunden in Wasser sanft kochen lassen und nach 1 Stunde etwas salzen.

3 Die Schweinelende in nicht zu kleine Stücke schneiden. Zwiebel abziehen, Sellerie und Möhren putzen, alles in feine Scheiben schneiden und mit wenig Öl in einer Kasserolle dünsten. Rippchen dazugeben und kräftig anbraten.

4 Salbei, Rosmarin, Thymian, Lorbeer und reichlich heiße Brühe hinzufügen. 1 Stunde im geschlossenen Topf auf kleiner Flamme sanft kochen lassen.

5 Die Kichererbsen und die Lende hinzufügen, salzen und pfeffern und in weiteren 30 bis 45 Minuten weich schmoren.

6 Lorbeer und Rosmarin entfernen. Den Eintopf mit Petersilie bestreuen und servieren.

Dauert etwa 3 Stunden (ohne Einweichzeit)

300 g Schweinerippchen

250 g Schweinelende

100–150 g getrocknete Kichererbsen

Salz

1 Zwiebel

1 Stange Bleichsellerie

2 Möhren

Olivenöl extra vergine

2 Salbeiblätter

1 Zweiglein Rosmarin

1 Zweiglein Thymian

2 Lorbeerblätter

Fleischbrühe

Pfeffer aus der Mühle (oder Cayennepfeffer)

etwas frische Petersilie, fein gehackt

Abbacchio al forno con patate

Milchlamm mit Kartoffeln im Ofen gebraten

2 Knoblauchzehen
1 kg entbeinte Schulter oder Schlegel vom Milchlamm
einige Zweiglein Rosmarin
400–500 g Kartoffeln
Salz
Pfeffer aus der Mühle
Olivenöl extra vergine
Saft von 1/2 Zitrone

1 Den Backofen auf 200 °C vorheizen. Den Knoblauch abziehen und in Scheiben schneiden. Das Fleisch waschen und trockentupfen. An mehreren Stellen leicht einschneiden und jeweils 1 Scheibe Knoblauch und etwas Rosmarin hineingeben.

2 Den Lammbraten mit Küchengarn zusammenbinden, damit er seine Form behält. Die Kartoffeln schälen, waschen und in Stücke schneiden. Das Fleisch salzen und pfeffern.

3 Eine feuerfeste Form einölen, den Braten hineinlegen und leicht mit Öl beträufeln. Die Kartoffeln um das Fleisch herum einfüllen und ebenfalls salzen und pfeffern.

4 Den Lammbraten in den vorgeheizten Ofen (Umluft 180 °C, Gas Stufe 3 bis 4) schieben und etwa 1 Stunde garen. Zwischendurch mehrmals wenden. 10 Minuten vor Ende der Garzeit das Fleisch mit dem Zitronensaft bestreichen.

5 Den Braten zusammen mit den Kartoffeln heiß servieren.

Dauert etwa 1 Stunde 15 Minuten

Abbacchio brodettato
Milchlamm-Ragout

1 Das Fleisch in nicht zu kleine Stücke schneiden, abspülen und mit Küchenkrepp trockentupfen. Die Zitrone darüber ausdrücken.

2 Zwiebel und Knoblauch abziehen und zusammen mit dem Schinken fein hacken. Alles in einem Topf mit Öl kurz andünsten. Das Fleisch hinzugeben, salzen und pfeffern. Auf kleiner Flamme im offenen Topf leicht anbräunen lassen. Mit Mehl bestäuben, den Wein zugießen und völlig einkochen lassen.

3 1 Schöpflöffel heiße Brühe und das Lorbeerblatt hinzufügen und das Ragout auf kleiner Flamme etwa 1 Stunde zugedeckt sanft kochen lassen. Hin und wieder umrühren und noch etwas heiße Brühe oder Wasser hinzufügen, falls die Sauce zu sehr einkocht.

4 Die Eigelbe mit Petersilie, Majoran, Zitronensaft und -schale, etwas Pfeffer und Salz und dem Käse verquirlen. Kurz vor Ende der Garzeit die Eimischung unter ständigem Rühren zum Ragout geben und ganz kurz sanft garen lassen, bis die Sauce cremig wird. Achtung: Das Ei darf nicht gerinnen. Dazu passen Kartoffelpüree und Erbsen, Möhren oder anderes Gemüse.

Dauert etwa 1 Stunde 20 Minuten

1 kg entbeinte Schulter oder Keule vom Milchlamm

1 Zitrone, in Viertel geschnitten

1 Zwiebel

1 Knoblauchzehe

50 g roher Schinken (oder Schinkenspeck)

Olivenöl extra vergine (oder Schweineschmalz)

Salz

schwarzer Pfeffer aus der Mühle

50 g Mehl

1 Glas Weißwein

Fleischbrühe

1 Lorbeerblatt

3 Eigelb

1 EL Petersilie, fein gehackt

etwas Majoran, fein gehackt

Saft von 1 Zitrone

abgeriebene Schale von 1/2 unbehandelten Zitrone

1 EL Parmesan, frisch gerieben

Costolette d'agnello all'abruzzese
Lammkoteletts aus den Abruzzen

1 kg Lammkoteletts
Mehl zum Wenden
Olivenöl extra vergine
Salz
Cayennepfeffer (oder fein zerstößelter scharfer Peperone)
150–200 g große schwarze entkernte Oliven, grob gehackt
Oregano
Saft von 1 Zitrone

1 Die Lammkoteletts waschen, gut trockentupfen, leicht in Mehl wenden und in etwas Öl von beiden Seiten scharf anbraten.

2 Die Hitze reduzieren, die Koteletts salzen und mit etwas Cayennepfeffer bestreuen.

3 Die Oliven, 1 Prise Oregano und den Zitronensaft hinzugeben und die Koteletts noch einige Minuten schmoren.

Dauert etwa 15 Minuten

Zur Abwechslung Auf die gleiche Weise können Sie auch magere Lammfleischscheiben aus der Schulter zubereiten.

Agnello agrodolce alla pugliese

Lamm süß-sauer aus Apulien

1 Das Fleisch in Stücke schneiden, waschen und gut trockentupfen.

2 Die Zwiebel abziehen, den Sellerie schälen und alles in feine Scheiben schneiden. In einer Kasserolle in etwas Öl 5 Minuten glasig dünsten. Das Lammfleisch hineingeben und von allen Seiten anbräunen.

3 Tomatenpüree, Brühe, etwas Salz und Pfeffer hinzufügen und alles auf niedriger Stufe zugedeckt 30 Minuten schmoren lassen.

4 Den Essig, den Zucker und das Lorbeerblatt zugeben. Den Essig im offenen Topf auf die Hälfte reduzieren.

5 Anschließend den Topf wieder zudecken und das Lamm 10 bis 15 Minuten weiterschmoren lassen. Falls notwendig, noch ein wenig heißes Wasser hinzufügen.

Dauert etwa 1 Stunde 15 Minuten

1 kg entbeintes Lammfleisch (Schulter)

1 Zwiebel

1 Stange Bleichsellerie

Olivenöl extra vergine

1 Glas pürierte Tomaten

1 Gläschen heiße Fleischbrühe

Salz

Pfeffer aus der Mühle (oder etwas scharfer Peperone)

1 Gläschen Weinessig

50 g Zucker

1 Lorbeerblatt

Agnello al vino bianco
Lamm in Weißwein

1 kg mageres Lammfleisch (aus der Keule oder Schulter)
1 Stange Bleichsellerie
200 g Zwiebeln
Olivenöl extra vergine
1 Knoblauchzehe
50 g Schinkenspeck
Petersilie, fein gehackt
Salz
Pfeffer aus der Mühle
1 Glas Weißwein
heiße Fleischbrühe
1 Lorbeerblatt
etwas Majoran, fein gehackt

1 Das Fleisch in Stücke schneiden, waschen und trockentupfen. Den Sellerie putzen, die Zwiebel abziehen und beides klein hacken. Das Gemüse in einer schweren Kasserolle mit etwas Olivenöl schmoren.

2 Den Knoblauch abziehen, fein hacken und hinzufügen und nach einigen Minuten auch den fein gewürfelten Schinkenspeck hinzugeben.

3 Die Fleischstücke in den Topf geben, mit etwas Petersilie bestreuen, salzen, pfeffern und 10 Minuten auf kleinster Flamme zugedeckt schmoren lassen. Hin und wieder umrühren.

4 Den Wein zugießen und offen sanft weiterkochen lassen, bis der Wein völlig verdampft ist.

5 2 Schöpflöffel Brühe, Lorbeerblatt und Majoran hinzufügen und das Lammfleisch auf kleiner Flamme zugedeckt etwa 1 Stunde und 10 Minuten sanft kochen lassen.

6 Den Topf vom Feuer nehmen und reichlich Petersilie unterrühren.

Dauert etwa 1 Stunde 40 Minuten

Agnello con peperoni
Lamm mit Paprikaschoten

1 Das Fleisch waschen, trockentupfen, von allem überflüssigen Fett befreien und in nicht zu kleine Stücke zerteilen. Salzen, pfeffern und leicht in Mehl wenden.

2 Das Öl in einem großen Terracottatopf oder in einer schweren Kasserolle erhitzen. Den Knoblauch leicht zerquetschen und kurz im Öl anschmoren, anschließend wieder herausnehmen.

3 Das Fleisch in den Topf geben und von allen Seiten gut anbräunen. Den Wein aufgießen und einkochen lassen.

4 Inzwischen die Paprikaschoten von Rippen und Kernen befreien, waschen und in nicht zu kleine Stücke schneiden.

5 Paprika, Tomaten und Lorbeerblatt in den Topf geben. Alles etwa 50 Minuten auf kleiner Flamme schmoren lassen.

6 Das Lamm erneut abschmecken und heiß servieren.

Dauert etwa 1 Stunde 10 Minuten

1 kg Lammfleisch mit Knochen

Salz

Pfeffer aus der Mühle (oder fein zerstößelter getrockneter Peperone)

Mehl zum Wenden

Olivenöl extra vergine

2 Knoblauchzehen

1/4 l trockener Weißwein

4 – 6 verschiedenfarbige Paprikaschoten (je nach Größe)

4 frische Tomaten, gehäutet und geviertelt

1 Lorbeerblatt

Animelle – preparazione base
Bries – Grundrezept

500 g Kalbsbries

einige EL Weinessig (oder Saft von 1 Zitrone)

Würzkräuter nach Belieben (z. B. Salbei, Thymian, Rosmarin, 1 Lorbeerblatt)

einige Pfefferkörner

etwas Salz

1 Das Bries in ein Sieb legen und mindestens 1 Stunde unter fließendem Wasser spülen.

2 Das Bries in einen Topf geben und mit kaltem Wasser bedecken. Essig, Würzkräuter, Pfefferkörner und etwas Salz hinzufügen und 3 bis 4 Minuten sanft kochen lassen.

3 Das Bries unter kaltem Wasser abschrecken, in ein sauberes Tuch wickeln, in ein niedriges Gefäß geben und mit einem kleinen Gewicht beschweren. Mindestens 2 Stunden ruhen lassen.

Dauert etwa 1 Stunde 15 Minuten (ohne Ruhezeit)

Tipp **Nach Belieben können Sie das Bries anfangs auch für 2 Stunden in eine Schüssel legen und mit Wasser bedecken, das Sie häufig wechseln.**

Animelle di vitello al marsala
Kalbsbries in Marsala

1 Das Kalbsbries in Scheiben schneiden und leicht im Mehl wenden, salzen und pfeffern.

2 Die Butter erhitzen. Die Zwiebel abziehen, fein hacken und in der Butter glasig dünsten. Das Bries zugeben und ringsum ganz leicht anbräunen.

3 Den Marsala zugießen und etwas einkochen lassen. Das Bries auf kleiner Flamme 30 Minuten zugedeckt sanft kochen lassen. Verkochende Flüssigkeit mit etwas Brühe ersetzen.

4 Die Briesscheiben herausnehmen. Etwas Wasser zugießen und den Bratensatz vom Boden lösen. Die Sauce kurz aufkochen lassen und über das Bries gießen.

Dauert etwa 45 Minuten

500 g vorbereitetes Kalbsbries (Seite 158)
2 EL Mehl
Salz
Pfeffer aus der Mühle
50 g Butter
1 kleine Zwiebel
1/2 Glas Marsala
heiße Fleischbrühe

Animelle di vitello Kalbsbries *al limone* mit Zitrone

500 g vorbereitetes Kalbsbries (Seite 158)
Salz
Pfeffer aus der Mühle
Mehl zum Wenden
40 g Butter
Olivenöl extra vergine
Saft von 1/2 Zitrone
1/2 abgeriebene unbehandelte Zitronenschale
1 Zitrone, in Achtel geschnitten

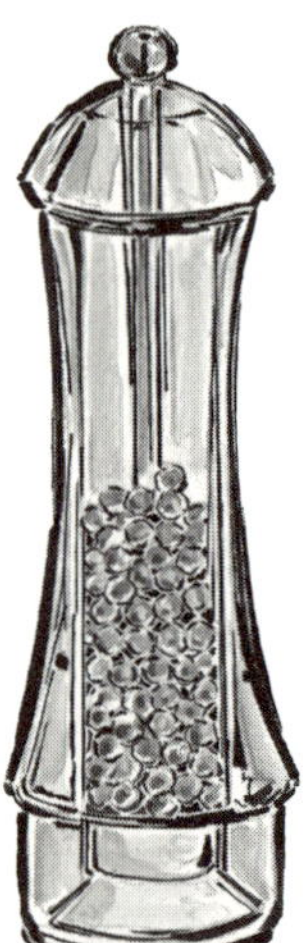

1 Das Bries in Scheiben schneiden, salzen, pfeffern und leicht in Mehl wenden.

2 Die Butter mit etwas Öl in einer Pfanne erhitzen und die Briesscheiben darin einige Minuten auf einer Seite leicht anbraten. Wenden, das Bries mit dem Zitronensaft beträufeln und die Zitronenschale hinzufügen. Weitere 10 bis 15 Minuten garen lassen.

3 Die Briesscheiben aus der Pfanne heben, auf einer Servierplatte anrichten, mit dem Bratensaft begießen und mit den Zitronenachteln garnieren.

Dauert etwa 30 Minuten

Animelle di vitello con salsa piccante

Kalbsbries in pikanter Sauce

1 Das Kalbsbries in Scheiben schneiden und leicht in Mehl wenden.

2 Das Olivenöl in einer großen Pfanne erhitzen. Knoblauch abziehen und durch die Presse drücken. Zusammen mit den Sardellenfilets und Pinienkernen in die Pfanne geben. Die Briesscheiben hinzufügen und einige Minuten auf großer Flamme von beiden Seiten leicht anbräunen.

3 Petersilie, Peperone, Kapern, Oliven, etwas Salz und den Weißwein hinzufügen. Den Wein einkochen lassen.

4 Die Flamme kleiner stellen und 1 knappen Schöpflöffel heiße Brühe hinzufügen. Alles noch 5 bis 10 Minuten sanft kochen lassen und heiß servieren.

Dauert 20 bis 30 Minuten

500 g vorbereitetes Kalbsbries (Seite 158)

Mehl zum Wenden

Olivenöl extra vergine

1 Knoblauchzehe

4 Sardellenfilets

40 g Pinienkerne

Petersilie, fein gehackt

1 Stück scharfer Peperone (oder Cayennepfeffer)

70 g Kapern

70–100 g entkernte schwarze Oliven, grob gehackt

Salz

1 Gläschen Weißwein

heiße Fleischbrühe

Trippe liguri all'antica

Kutteln auf alte ligurische Art

800 g vorgegarte Kutteln (vom Metzger)
30 g getrocknete Steinpilze
1 mittelgroße Zwiebel
1 Stange Bleichsellerie
2 Möhren
Olivenöl extra vergine
1 Glas Weißwein
300 g pürierte Tomaten
Fleischbrühe
Salz
1 Lorbeerblatt
etwas frischer Rosmarin, fein gehackt
100 g Bohnen (Borlotti oder weiße Bohnen), über Nacht eingeweicht
300 g rohe Kartoffeln, in kleine Stücke geschnitten
Petersilie, fein gehackt
Pfeffer aus der Mühle
evtl. Parmesan, frisch gerieben

1 Die Kutteln sorgfältig waschen, trockentupfen und in Streifen schneiden.

2 Die Pilze 30 Minuten in einem Glas warmem Wasser einweichen. Durch ein feines Sieb abgießen und klein hacken. Das Einweichwasser auffangen.

3 Zwiebel abziehen, Sellerie putzen und alles klein hacken. Die Möhren putzen. Die eine klein hacken, die andere in Scheiben schneiden.

4 Das klein gehackte Gemüse und die Pilze in einem Terracottagefäß oder in einem schweren Topf mit etwas Öl andünsten. Die Kuttelstreifen hinzugeben und auf kleiner Flamme etwa 10 Minuten zugedeckt garen.

5 Den Weißwein zugießen und im offenen Topf einkochen lassen. Das Tomatenpüree, 1 Schöpflöffel kochende Brühe, etwas Salz, Lorbeerblatt, Rosmarin und das Einweichwasser hinzufügen.

6 Den Deckel wieder aufsetzen und alles etwa 30 Minuten sanft kochen lassen. Die Bohnen hinzufügen und noch etwa 2 Stunden mitgaren.

7 Nach etwa 1 1/2 Stunden die Möhrenscheiben, etwa 15 Minuten vor Ende der Kochzeit die Kartoffelstückchen zugeben.

8 Den Kutteleintopf abschmecken. Mit Petersilie, etwas Pfeffer und nach Belieben auch mit etwas Parmesan bestreuen.

9 Nach Belieben noch ein wenig Olivenöl darüberträufeln und sofort servieren.

Dauert etwa 3 Stunden

Zur Abwechslung Dieses Rezept existiert in vielen verschiedenen Variationen. Wollen Sie keine Bohnen, sondern nur Kartoffeln verwenden, erhöhen Sie die Kartoffelmenge auf 400 bis 500 Gramm. Lassen Sie hingegen die Kartoffeln weg, brauchen Sie 200 Gramm Bohnen.

Fegato di vitello all'uva
Kalbsleber mit Trauben

250 g helle Weintrauben
500 g Kalbsleber
40 g Butter
Olivenöl extra vergine
Salz
1/2 Glas Weißwein
1 EL Petersilie, fein gehackt

1 Die hellen Weintrauben häuten und entkernen.

2 Die Leber in sehr dünne Scheiben schneiden. In der Butter und etwas Olivenöl einige Minuten von beiden Seiten bei großer Hitze braten, salzen und warm stellen.

3 Den Bratensatz mit dem Weißwein ablöschen und mit einem Holzlöffel lösen. Den Wein bei starker Hitze einkochen lassen.

4 Trauben und Petersilie hineingeben und die Sauce über die Leber gießen. Sofort servieren.

Dauert etwa 30 Minuten

Fegato al pomodoro
Leber in Tomatensauce

1 Die Leber in sehr dünne Scheiben schneiden. Falls die Scheiben sehr groß sind, in der Mitte durchteilen oder auch dritteln.

2 Zwiebel und Knoblauch abziehen, fein hacken und in wenig Öl glasig dünsten. Das Tomatenpüree hinzufügen, salzen und pfeffern und mit 1 Prise Oregano abschmecken.

3 Die Leber dazugeben und etwa 5 Minuten schmoren lassen, bis sie nicht mehr blutig ist. Gegebenenfalls nachsalzen und sofort servieren.

Dauert etwa 20 bis 25 Minuten

Zur Abwechslung Falls Sie die Leber lieber gebraten mögen, garen Sie sie in einer anderen Pfanne und geben die fertige Tomatensauce darüber.

400–500 g Kalbsleber (oder Schweineleber)

1 Zwiebel

1 Knoblauchzehe

Olivenöl extra vergine

250 g pürierte Tomaten

Salz

Pfeffer aus der Mühle (oder Cayennepfeffer oder etwas scharfer Peperone)

Oregano

Spiedini di fegatini di pollo
Hühnerleber-Spießchen

300 g Hühnerleber

1 Glas trockener Marsala (oder Madeira)

15 Scheiben Schinkenspeck

15 dicke Pilzscheiben (möglichst Steinpilze)

10 Scheiben Toastbrot

1 Zwiebel, abgezogen

1 frischer scharfer Peperone oder 1 Trüffel

70 g Butter

5 frische Salbeiblätter, klein geschnitten

einige Lorbeerblätter

Salz

Pfeffer aus der Mühle

Semmelbrösel zum Wenden

Butter oder Öl für die Form

1 Die Leber putzen, waschen und trockentupfen. Je in 2 bis 3 Stücke schneiden und mindestens 20 Minuten im Marsala marinieren.

2 Die Speckscheiben in kleine Quadrate schneiden. Die geputzten Pilze, das Toastbrot, die Zwiebel, den Peperone oder die Trüffel ebenfalls in mundgerechte Stücke schneiden.

3 Die Leberstücke abtropfen lassen und trockentupfen. 50 Gramm Butter schmelzen und die Leber 2 bis 3 Minuten scharf anbraten. Herausheben und warm stellen. In der gleichen Pfanne die Pilzscheiben 2 bis 3 Minuten bei starker Hitze sautieren. Den Ofen auf 200 °C vorheizen.

4 Auf 8 bis 12 Spieße abwechselnd Hühnerleber, Brot, Pilze, Zwiebel, Peperone oder Trüffel, Schinkenspeck sowie Salbei- und Lorbeerblätter aufstecken.

5 Die restliche Butter im Bratfond zerlassen und die Spieße rundum damit bestreichen. Salzen und pfeffern und leicht in Semmelbröseln wenden. Eine Form einfetten. Spieße hineinlegen und im Ofen (Umluft 180 °C, Gas Stufe 3 bis 4) etwa 15 Minuten backen.

Dauert etwa 1 Stunde 15 Minuten

Fegatini di pollo al vino rosso
Hühnerleber in Rotwein

25 g getrocknete Steinpilze
400 g Hühnerleber
50 g Butter
Olivenöl extra vergine
1 Knoblauchzehe, leicht zerquetscht
1/2 Glas Rotwein
Salz
Pfeffer aus der Mühle

1 Die Pilze etwa 15 Minuten in lauwarmem Wasser einweichen, anschließend abgießen, ausdrücken und klein hacken.

2 Inzwischen die Hühnerleber putzen, waschen, trockentupfen und jeweils in 2 bis 3 Stücke teilen. Die Butter und etwas Öl in einer Pfanne erhitzen. Pilze und Knoblauch hineingeben und 2 Minuten sautieren.

3 2 bis 3 Esslöffel Rotwein hinzufügen und 5 Minuten schmoren lassen. Die Hühnerleber hinzufügen und 1 Minute anbraten. Mit dem restlichen Wein ablöschen.

4 Die Flamme großstellen und noch 4 bis 5 Minuten garen.

5 Den Knoblauch herausnehmen. Die Leberchen salzen und pfeffern und heiß servieren.

Dauert etwa 30 Minuten

Fegato al limone
Leber in Zitronensauce

400–500 g Kalbsleber (oder Schweineleber)
Mehl zum Wenden
40 g Butter
Olivenöl extra vergine
Saft von 1 Zitrone
1/2 abgeriebene unbehandelte Zitronenschale
1 Lorbeerblatt
Salz
Pfeffer

1 Die Leber in sehr dünne Scheiben schneiden und leicht in Mehl wenden.

2 Die Butter und etwas Öl in einer Pfanne erhitzen und die Leberscheiben 3 bis 4 Minuten von beiden Seiten darin anbräunen. Die Leber aus der Pfanne nehmen und warm stellen.

3 Zitronensaft, Zitronenschale und Lorbeerblatt in die Pfanne geben. Den Bratensatz mit einem Holzlöffel vom Boden lösen. Die Sauce einige Minuten auf großer Flamme kochen lassen, salzen und pfeffern und über die Leber gießen.

4 Die Leber in Zitronensauce sofort servieren. Dazu passt Ciabattabrot.

Dauert 15 bis 20 Minuten

Fegatini di pollo con carciofi

Hühnerleber mit Artischocken

1 Die Leber sorgfältig putzen, waschen, trockentupfen und in je 2 bis 3 Stücke teilen.

2 Die Artischocken von äußeren harten Blättern, dornigen Spitzen und Stiel befreien, achteln und sofort in Zitronenwasser tauchen, damit sie sich nicht verfärben.

3 Das Öl in einem Topf erhitzen. Die Artischockenachtel trockentupfen und hineingeben. Auf kleiner Flamme schmoren lassen und hin und wieder ein wenig Wasser zugeben, falls nötig. Mit Salz und Pfeffer würzen.

4 Inzwischen die Butter in einer großen Pfanne schmelzen und die Hühnerleber unter ständigem Wenden einige Minuten darin sautieren.

5 Dcn Schinken in Streifen schneiden, unter Rühren hinzugeben und einige Minuten mitschmoren.

6 Die Artischocken in die Pfanne geben und vorsichtig untermischen. Petersilie und 1 Spritzer Zitronensaft darübergeben und sofort servieren.

Dauert etwa 1 Stunde 15 Minuten

400 g Hühnerleber

4 junge feste Artischocken

Saft von 1 Zitrone

2 EL Olivenöl extra vergine

Salz

Pfeffer aus der Mühle

40 g Butter

100 g roher Schinken

reichlich Petersilie, fein gehackt

etwas Zitronensaft

Pollo al limone
Coniglio in fricassea
Petto di pollo al vino
Faraona al cartocci
Pollo alla Marengo
Lepre in agrodolc
Cinghiale in umido
Anatra in tegame
Coniglio al pomodoro
Gallina ripiena al profumo di marsa
Coniglio in ag
Anatra arrosto
ana
Pollo impanato

Pollame, coniglio, selvaggina
Geflügel, Kaninchen & Wild

Italienische Köchinnen und Köche sind in der Zubereitung von Geflügel, besonders von Huhn, bewundernswert phantasievoll. Typisch ist die reichliche Verwendung von Würzkräutern, aber auch von Tomaten und Pilzen. Ähnliches gilt für Wild sowie für Kaninchen, die man sich vor allem in ländlichen Gegenden vielfach auch heute noch im Garten hält.

Wenn nicht anders angegeben, sind alle Rezepte für 4 Portionen berechnet.

olce alla sicili

Capriolo in umido

Pollo in umido
Huhn in Tomatensauce

1 junges Huhn (ca. 1200 g)
1 Zwiebel
1 Stange Bleichsellerie
1 Möhre
Olivenöl extra vergine
2 Knoblauchzehen
1 Glas Weißwein
400 g pürierte Tomaten
Salz
Pfeffer aus der Mühle
Oregano
etwas Petersilie, fein gehackt
Hühner- oder Fleischbrühe

1 Das Huhn in 8 Stücke zerlegen, waschen und trockentupfen.

2 Die Zwiebel abziehen, Sellerie und Möhre putzen, alles klein hacken und in etwas Öl dünsten.

3 Den Knoblauch abziehen, leicht zerquetschen und die Hühnerstücke hinzufügen. Von beiden Seiten bei nicht zu starker Hitze in etwa 10 Minuten goldbraun anbraten.

4 Den Wein angießen und einkochen lassen. Das Tomatenpüree, etwas Salz und Pfeffer, 1 Prise Oregano, die Petersilie und 1 Schöpflöffel heiße Brühe hinzufügen.

5 Das Huhn im geschlossenen Topf etwa 45 Minuten schmoren lassen. Falls die Sauce zu sehr einkocht, zwischendurch noch etwas heiße Brühe hinzufügen.

6 Zum Schluss erneut abschmecken, die Knoblauchzehen herausnehmen und das Huhn sofort servieren.

Dauert etwa 1 Stunde 15 Minuten

Pollo alla valdostana

Huhn aus dem Aostatal

1 Das Huhn in 8 Stücke zerlegen, waschen und trockentupfen. Die Zwiebel abziehen und kleinhacken, Möhren und Sellerie putzen und in Stifte schneiden.

2 Die Hühnerstücke leicht in Mehl wenden und in etwas Olivenöl von allen Seiten scharf anbraten.

3 Das Huhn herausnehmen. Das Gemüse hineingeben und 5 Minuten auf kleiner Flamme dünsten.

4 Das Huhn dazugeben, gut durchmischen, salzen und pfeffern und mit 1 Glas Wein aufgießen. Das Fleisch 40 bis 50 Minuten auf kleiner Flamme schmoren lassen, dabei nach und nach den restlichen Wein zugießen.

5 Zum Schluss mit je 1 Prise Muskat und Zimt würzen.

Dauert etwa 1 Stunde 10 Minuten

1 junges Huhn (ca. 1200 g)

1 Zwiebel

2 Möhren

1 Stange Bleichsellerie

Mehl zum Wenden

Olivenöl extra vergine

Salz

Pfeffer aus der Mühle

2 Gläser Weißwein

frisch geriebene Muskatnuss

Zimtpulver

Pollo al limone
Huhn in Zitronensauce

1 junges Huhn (ca. 1200 g)
1 Zwiebel
Olivenöl extra vergine
1 Knoblauchzehe
Oregano
1 Lorbeerblatt
etwas fein gehackter Rosmarin
Saft von 2–3 Zitronen
Salz
evtl. Fleisch- oder Hühnerbrühe

Tipp Nach Belieben können Sie auch noch ein Stück unbehandelte Zitronenschale hinzugeben.

1 Das Huhn in 8 Stücke teilen, waschen und trockentupfen.

2 Die Zwiebel abziehen, klein hacken und in etwas Öl glasig dünsten. Die Hühnerteile hinzufügen und bei starker Hitze von allen Seiten goldbraun braten.

3 Die Knoblauchzehe abziehen und zerdrücken, 1 Prise Oregano, Lorbeerblatt und Rosmarin hinzufügen. Den Zitronensaft darüber gießen, salzen, die Flamme kleinstellen und das Huhn zugedeckt im Topf etwa 40 Minuten schmoren lassen. Falls die Sauce zu sehr einkocht, zwischendurch etwas heiße Brühe oder Wasser hinzufügen.

4 Das Ganze erneut abschmecken. Knoblauchzehe und Lorbeerblatt herausnehmen und sofort servieren.

Dauert etwa 1 Stunde

Pollo in tecia
Geschmortes Huhn auf venezianische Art

1 Das Huhn in 8 Stücke teilen, waschen und trockentupfen. Das Fleisch in Mehl wenden.

2 Die Zwiebel abziehen. Möhre und Sellerie putzen. Gemüse und Schinkenspeck klein hacken und zusammen in etwas Öl andünsten. Knoblauch abziehen, leicht zerdrücken und zusammen mit dem Fleisch zufügen. Alles bei starker Hitze von allen Seiten gut anbräunen.

3 Die Flamme kleiner stellen. Salzen, pfeffern und Gewürznelken, Rosmarin und Salbeiblätter hinzufügen. Den Wein angießen und einkochen lassen.

4 Die Tomaten hinzugeben, gut unterrühren und das Huhn etwa 40 bis 50 Minuten schmoren lassen. Falls die Sauce zu sehr einkocht, zwischendurch noch ein wenig heißes Wasser hinzugeben.

5 Den Knoblauch herausnehmen, erneut abschmecken, mit Petersilie bestreuen und sofort servieren.

Dauert etwa 1 Stunde 30 Minuten

1 junges Huhn (ca. 1200 g)
Mehl zum Wenden
1 Zwiebel
1 Möhre
1 Stange Bleichsellerie
100 g Schinkenspeck
Olivenöl extra vergine
1 Knoblauchzehe
Salz
Pfeffer aus der Mühle
2 Gewürznelken
1 Zweiglein Rosmarin
einige Salbeiblätter
1 Glas Weißwein
400 g pürierte Tomaten
etwas Petersilie, fein gehackt

Tipp Dazu schmeckt Polenta oder Kartoffelpüree.

Pollo ai cipollotti novelli
Huhn mit Frühlingszwiebeln

1 junges Huhn (ca. 1200 g)
30 g Butter
2 EL Olivenöl
Salz
Pfeffer aus der Mühle
1 EL Mehl
1 Glas trockener Sekt (oder Weißwein)
8 Frühlingszwiebeln
Saft und fein abgeriebene Schale von 1/2 unbehandelten Zitrone
Thymian

1 Das Huhn in 8 Stücke zerlegen, waschen und trocken tupfen.

2 Die Butter zusammen mit dem Öl in einem Terracottatopf oder in einem anderen schweren Topf erhitzen. Die Hühnerstücke hineingeben und von allen Seiten goldbraun braten.

3 Salzen, pfeffern und mit Mehl bestäuben. Den Sekt zugießen und ein wenig einkochen lassen.

4 Inzwischen die Frühlingszwiebeln putzen und in nicht zu kleine Stücke schneiden. Zum Huhn geben, alles gut durchmischen und auf kleiner Flamme zugedeckt etwa 40 Minuten schmoren lassen.

5 Etwa 10 Minuten vor Ende der Garzeit den Zitronensaft darüberträufeln, 1 kräftige Prise Thymian hinzugeben und durchmischen. Die Hitze etwas höherstellen.

6 Das Huhn ganz zum Schluss mit der Zitronenschale bestreuen und heiß servieren.

Dauert etwa 1 Stunde

Bollito misto alla piemontese
Gekochtes Fleisch aus dem Piemont

Für 6 Personen

- 1 Huhn oder Hähnchen
- 4 Kochwürste oder 1 Zampone (gefüllter Schweinsfuß)
- 1 Schweinsfuß
- 3–4 Markknochen
- 1 Tomate
- 2 Zwiebeln
- 4 Möhren
- 2 Stangen Porree
- 1 Stange Sellerie
- 2 Gewürznelken
- 1 Lorbeerblatt
- einige Pfefferkörner
- Salz
- ca. 300 g Ochsenschwanz
- 1 Vorderhaxe vom Kalb
- 1 kg durchwachsenes Rind- und Kalbfleisch zum Kochen

1 Das Huhn kochfertig vorbereiten und waschen. Die Kochwürste bzw. den Schweinsfuß anstechen. In einen Topf geben, mit kaltem Wasser bedecken und 40 bis 60 Minuten kochen.

2 Den Zampone abschaben, waschen und 5 Minuten in kochendes Wasser geben. Die Knochen und die Tomate waschen. Zwiebeln, Möhren, Porree und Sellerie schälen bzw. putzen. Eine der Zwiebeln mit den Gewürznelken spicken und das restliche Gemüse grob zerkleinern.

3 Gemüse, Knochen, Pfefferkörner und Lorbeerblatt mit reichlich Wasser bedecken, salzen und zum Kochen bringen. Das gesamte Fleisch waschen, mit Ausnahme der Würste hinzugeben und aufkochen lassen.

4 Die Flamme kleiner stellen und alles 2 bis 2 1/2 Stunden im offenen Topf garen, dabei den Schaum abschöpfen. Kleinere Fleischstücke etwas früher herausnehmen, ebenso das Huhn, sobald es gar ist (nach etwa 1 Stunde).

5 Das gargekochte Fleisch und die Kochwürste aufschneiden.

Dauert 2 1/2 bis 3 Stunden

Pollo con melanzane

Huhn mit Auberginen

1 junges Huhn (ca. 1200 g)
2–3 Auberginen (je nach Größe)
Salz
2 Paprikaschoten
2 Zwiebeln
3 reife Eiertomaten
1 Knoblauchzehe
6 EL Olivenöl extra vergine
30 g Butter
schwarzer Pfeffer aus der Mühle
1 Gläschen Cognac
1 Prise Majoran
knapp 1/2 l heiße Brühe

Tipp Dazu passen mit Öl beträufelte und im Ofen geröstete Weißbrotscheiben.

Dauert etwa 2 Stunden

1 Das Huhn in 8 Stücke zerlegen, waschen und trockentupfen. Die Auberginen von beiden Enden befreien und längs halbieren. Jede Hälfte längs in 4 Teile teilen und quer durchschneiden. Die Auberginenstücke salzen und 1 Stunde auf ein großes, geneigtes Holzbrett legen, damit die austretende Flüssigkeit ablaufen kann. Anschließend waschen und trockentupfen.

2 Paprikaschoten putzen und vierteln. Zwiebeln abziehen und ebenfalls vierteln. Tomaten halbieren und entkernen. Auberginen mit der zerquetschten Knoblauchzehe und dem Olivenöl erhitzen und goldbraun werden lassen. Mit einem Schaumlöffel herausheben und auf Küchenkrepp abtropfen lassen. Die Knoblauchzehe entfernen.

3 Butter zerlassen und die Hühnerteile darin goldbraun braten, salzen und großzügig pfeffern. Den Cognac aufgießen und flambieren. Auberginen, Paprika, Zwiebeln und Tomaten auf die Hühnerstücke legen.

4 Erneut salzen, mit Majoran bestreuen und mit der Brühe übergießen. Zudecken und auf kleinster Flamme 45 Minuten schmoren lassen. Zum Schluss den Deckel abnehmen und bei starker Hitze die Sauce etwas einkochen lassen.

Pollo impanato
Paniertes Huhn

1 junges Huhn (ca. 1200 g)
Saft von 1 Zitrone
Salz
Pfeffer aus der Mühle
etwas frischer Rosmarin, fein gehackt
2–3 Eier
Mehl zum Wenden
Semmelbrösel zum Panieren
Öl zum Ausbacken
1 Zitrone in Scheiben

1 Das Huhn in möglichst kleine Stücke zerlegen, waschen und trockentupfen.

2 Die Hühnerstücke in eine Schüssel geben und mit Zitronensaft, Salz, Pfeffer und Rosmarin marinieren. An einem kühlen Ort mindestens 30 Minuten ziehen lassen.

3 Inzwischen die Eier mit etwas Salz verquirlen.

4 Die Hühnerstücke leicht in Mehl wenden, durch das verquirlte Ei ziehen und mit Semmelbröseln panieren.

5 Das Huhn in reichlich heißem Öl goldbraun frittieren. Auf Küchenkrepp abtropfen lassen und mit den Zitronenscheiben servieren.

Dauert etwa 30 Minuten (ohne Marinierzeit)

Gallina ripiena al profumo di marsala
Gefülltes Huhn mit Marsala

1 altbackenes Brötchen
1/2 Glas Milch
150 g roher Schinken
150 g gehacktes Kalbfleisch
150 g Schweinemett
50 g Parmesan, frisch gerieben
etwas Petersilie, fein gehackt
2 Eier
2 EL trockener Marsala
Salz
Pfeffer aus der Mühle
Muskatnuss
1 junges Suppenhuhn (ca. 1 1/2 kg)
1 Zwiebel
1 Möhre
1 Stange Bleichsellerie
1 Lorbeerblatt
1 Tomate
2 Gewürznelken

1 Das Brötchen etwa 10 Minuten in der Milch einweichen, anschließend gut ausdrücken. Zusammen mit dem Schinken fein hacken und in eine Schüssel geben.

2 Kalbfleisch, Schweinemett, Parmesan, Petersilie, Eier, Marsala sowie je 1 Prise Salz, Pfeffer und Muskatnuss hinzufügen und alles gut miteinander vermischen.

3 Das Huhn mit der Mischung füllen, aber nicht allzu sehr stopfen, weil die Fülle sich während des Kochens ausdehnt. Die Öffnung mit Küchengarn zunähen.

4 Zwiebel abziehen, Möhre und Sellerie putzen. Einen großen Topf mit Wasser aufsetzen. Möhre, Zwiebel und Sellerie hineingeben. Lorbeerblatt, Tomate, Gewürznelken und etwas Salz hinzufügen und aufkochen lassen. Das Huhn hineingeben und im zugedeckten Topf auf kleiner Flamme etwa 70 Minuten garen.

5 Das Huhn tranchieren und zusammen mit der Fülle heiß servieren.

Dauert etwa 1 Stunde 30 Minuten

Pollo alla diavola
Huhn auf Teufelsart

1 Das Huhn in der Rückenmitte längs aufschneiden.

2 Das Huhn waschen und trockentupfen. Mit der Brust nach oben auf ein Holzbrett legen und flachdrücken.

3 Den Knoblauch abziehen und leicht zerdrücken. Das Huhn mit Knoblauch und Peperone rundum gut einreiben, auf eine große Platte geben, salzen und mit Zitronensaft und Öl beträufeln. Mindestens 2 Stunden ziehen lassen und zwischendurch wenden.

4 Das Huhn auf einem Holzkohlegrill garen, dabei häufig mit der Marinade bepinseln.

Dauert etwa 45 Minuten (ohne Marinierzeit)

Dieses Rezept findet man mit leichten Abwandlungen in verschiedenen Regionen Italiens wieder. Mal wird das Huhn längs am Rücken geöffnet, mal an der Brust. Und es wird auch unterschiedlich gewürzt: Statt mit Knoblauch und Peperone können Sie es entweder mit Muskatnuss oder mit Weißwein und Salbei zubereiten.

1 junges Huhn (ca. 1200 g)

1 Knoblauchzehe

1 Stück scharfer Peperone

Salz

Saft von 1 Zitrone

4 EL Olivenöl extra vergine

Tipp **Nach Belieben können Sie das Huhn auch in einer großen Form im auf 200 °C (Umluft 180 °C, Gas Stufe 3 bis 4) vorgeheizten Ofen braten und von Zeit zu Zeit mit der Marinade bestreichen.**

Pollo ripieno alla parmense
Gefülltes Huhn aus Parma

150 g Semmelbrösel
1/2 Glas Bratensaft (oder Hühner- oder Fleischbrühe)
250–300 g Parmesan, frisch gerieben
2 Eier
3 Eigelb
Salz
Pfeffer aus der Mühle
1 junges Suppenhuhn (ca. 1200 g)
1 Zwiebel
1 Möhre
1 Stange Bleichsellerie
1 Lorbeerblatt
2 Gewürznelken
2 kleine Tomaten

1 Die Semmelbrösel im Bratensaft einweichen lassen, anschließend in eine große Schüssel geben.

2 Parmesan, Eier, Eigelbe und etwas Salz und Pfeffer hinzufügen. Alles gut vermengen und noch etwas Brühe hinzugeben, falls die Farce nicht geschmeidig genug ist.

3 Das Huhn damit füllen, aber nicht allzu sehr stopfen, weil die Fülle beim Garen aufgeht. Die Öffnung mit Küchengarn zunähen.

4 Die Zwiebel abziehen, Möhre und Sellerie putzen. Einen großen Topf mit Wasser aufsetzen. Zwiebel, Möhre, Sellerie, Lorbeerblatt, etwas Salz, die Gewürznelken und die Tomaten hineingeben.

5 Das Huhn ins kochende Wasser geben und zugedeckt auf kleiner Flamme 60 Minuten sanft kochen lassen.

6 Das Huhn tranchieren und mit der Füllung servieren. Die Brühe anderweitig für eine Suppe verwenden.

Dauert etwa 1 Stunde 15 Minuten

Pollo al sale
Huhn in Salz gegart

1 Das Huhn sorgfältig waschen und gut trocken tupfen. Den Backofen auf 200 °C vorheizen.

2 Das Huhn innen salzen und pfeffern. Knoblauch abziehen und zusammen mit den Würzkräutern in das Huhn geben, nach Belieben auch die Oliven und den Schinkenspeck. Die Öffnung mit Küchengarn zunähen.

3 Den Boden einer feuerfesten Form dicht mit Salz überziehen. Das Huhn darauflegen und vollständig mit Salz bedecken.

4 Das Salzhuhn etwa 50 Minuten im vorgeheizten Ofen (Umluft 180 °C, Gas Stufe 3 bis 4) garen.

5 Das Salzhuhn in der Form servieren. Mit einem Hammer die Salzkruste aufschlagen und das Huhn tranchieren.

Dauert 60 bis 70 Minuten

1 junges Huhn (ca. 1200 g)

Salz

Pfeffer aus der Mühle

1 Knoblauchzehe

1 Zweiglein Rosmarin

einige Salbeiblätter

evtl. 50 g Oliven

evtl. 50 g Schinkenspeck, kleingehackt

1 1/2 – 2 kg grobes Meersalz

Pollo alla Marengo
Marengo-Huhn

- 1 junges Huhn (ca. 1200 g)
- Mehl zum Wenden
- 1/2 Glas Olivenöl extra vergine
- Salz
- Pfeffer aus der Mühle
- 2 Knoblauchzehen
- 3–4 reife Tomaten
- 1 Bund Basilikum
- 1 1/2 Gläser Weißwein
- 300 g frische Pilze
- 4 Scheiben Toastbrot
- 20 g Butter
- 4 Eier
- 4 gekochte Flusskrebse (oder Scampi)
- Saft von 1/2 Zitrone
- 1 EL Petersilie, gehackt

1 Das Huhn in Stücke zerlegen, waschen und trockentupfen. Anschließend leicht in Mehl wenden.

2 Das Olivenöl in einer großen Pfanne erhitzen. Zuerst die Hühnerschenkel hineingeben, etwas später auch die übrigen Stücke. Die Hühnerteile auf mittlerer Flamme von allen Seiten anbraten, salzen und pfeffern.

3 Inzwischen den Knoblauch abziehen und fein hacken. Die Tomaten mit kochendem Wasser überbrühen, häuten, entkernen und klein schneiden.

4 Nach etwa 10 Minuten den größten Teil des Öls in eine zweite Pfanne abgießen.

5 Knoblauch, Tomaten und das gewaschene ganze Basilikumbund zum Huhn geben. Kurz aufkochen und mit 1 Glas Weißwein ablöschen. Den Wein einkochen lassen, die Pfanne zudecken und das Huhn etwa 15 Minuten weiter schmoren.

6 Die Pilze putzen und in Scheiben schneiden. In die Hühnerpfanne geben, alles gut durchmischen und weitere 10 Minuten schmoren lassen.

7 Die zweite Pfanne mit dem Öl erhitzen. Die Brotscheiben darin bräunen und herausnehmen. Die Butter in der Pfanne zerlassen und die Eier hineinschlagen.

8 Die Krebse im restlichen Weißwein kurz erhitzen.

9 Das fertige Huhn mit dem Zitronensaft beträufeln und die Petersilie darüberstreuen. Erneut abschmecken.

10 Die Hühnerteile auf eine große Platte legen, die Pilze rundherum anrichten und die Sauce darübergießen. Die gerösteten Brotscheiben am Rand anordnen und jeweils ein Spiegelei daraufsetzen. Die Flusskrebse dekorativ dazwischen legen.

Dauert etwa 1 Stunde 15 Minuten

Angeblich soll Napoleon dieses Huhn 1800 nach der Schlacht von Marengo serviert worden sein. Der Koch nahm das, was ihm an Vorräten noch geblieben war, und außerdem Zutaten, die man von den Österreichern erbeutet hatte. Höchstwahrscheinlich war dieses Gericht bei seiner Premiere sehr viel einfacher und wurde erst später mit Flusskrebsen, Pilzen und Eiern angereichert.

Faraona al vino rosso

Perlhuhn in Rotweinsauce

1 Perlhuhn (ca. 1200 g)
30 g getrocknete Steinpilze
1 Zwiebel
Olivenöl extra vergine
evtl. 50 g fetter Speck, klein gewürfelt
etwas Fleischbrühe (oder Wasser)
Salz
1/2 l Rotwein
Pfeffer aus der Mühle
etwas frisch geriebene Muskatnuss
1 Lorbeerblatt
einige Salbeiblätter
1 walnussgroßes Stück Butter
1 TL Mehl

1 Das Perlhuhn waschen, sorgfältig trockentupfen und in 4 oder 8 Teile zerlegen.

2 Die Pilze 10 bis 15 Minuten in warmem Wasser einweichen und abtropfen lassen. Das Einweichwasser zurückbehalten. Zwiebel abziehen und fein würfeln, Pilze fein hacken.

3 Etwas Öl erhitzen, nach Belieben den Speck darin auslassen. Zwiebelwürfel hinzufügen und glasig dünsten. 1/2 Glas Brühe angießen und 5 Minuten einkochen lassen. Die Hühnerstücke in den Topf geben, salzen und etwa 5 Minuten von allen Seiten anbräunen.

4 Die Pilze zusammen mit dem Einweichwasser hinzufügen. Gut umrühren und 1 Minute schmoren lassen. Den Rotwein angießen und mit Pfeffer, Muskatnuss, Lorbeer und Salbei würzen. Auf kleiner Flamme alles etwa 1 Stunde zugedeckt sanft kochen lassen.

5 Das Perlhuhn aus dem Topf nehmen und warm stellen. Die Butter mit dem Mehl verrühren und die Sauce damit binden. Aufkochen lassen und über die Hühnerstücke gießen.

Dauert etwa 1 Stunde 20 Minuten

Faraona al cartoccio
Perlhuhn in der Folie

1 Den Backofen auf 200 °C vorheizen. Das Perlhuhn waschen und trockentupfen. Innen salzen und pfeffern, alle Würzkräuter und die abgezogene Knoblauchzehe hineingeben. Die Brustseite mit dem Schinkenspeck belegen und das ganze Huhn mit Küchengarn umwickeln.

2 Ein großes Stück Alufolie abtrennen, das Huhn fest darin einwickeln und im vorgeheizten Ofen (Umluft 180 °C, Gas Stufe 3 bis 4) 1 Stunde garen. Das Huhn erst bei Tisch auswickeln und aufschneiden.

Dauert etwa 1 Stunde 15 Minuten

1 Perlhuhn (ca. 1200 g)

Salz

Pfeffer aus der Mühle

1 Zweiglein frischer Rosmarin

einige Salbeiblätter

1 Zweig Thymian

1 Knoblauchzehe

einige Scheiben Schinkenspeck

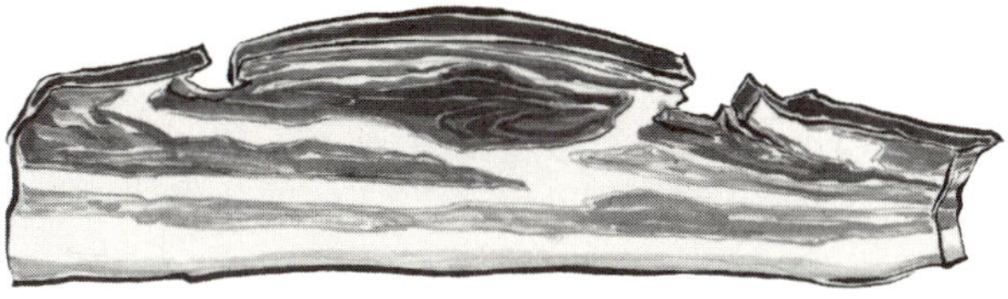

Faraona con salsa di acciughe

Perlhuhn mit Sardellensauce

Olivenöl für die Form
1 Perlhuhn (ca. 1200 g)
Salz
Pfeffer aus der Mühle
1 Lorbeerblatt
1 Knoblauchzehe
ca. 10 Sardellenfilets
1 walnussgroßes Stück Butter
Petersilie, fein gehackt

1 Den Backofen auf 180 °C vorheizen. Eine feuerfeste Form einfetten.

2 Das Perlhuhn waschen und gut trockentupfen. Innen mit Salz, Pfeffer, Lorbeerblatt und Knoblauchzehe würzen.

3 Das Huhn in eine eingefettete Form geben und im vorgeheizten Ofen (Umluft 160 °C, Gas Stufe 2 bis 3) etwa 1 Stunde braten. Zwischendurch immer wieder mit dem Bratensaft bestreichen.

4 Anschließend das Perlhuhn herausnehmen und warm stellen. Den Bratensaft in ein Pfännchen gießen.

5 Sardellenfilets und Butter hineingeben, auf kleiner Flamme völlig zerfallen lassen, etwas Petersilie untermischen und die Sauce zum Perlhuhn servieren.

Dauert etwa 1 Stunde 20 Minuten

Anatra in tegame
Ente in Weißwein

1 Die Ente in Stücke zerlegen und waschen. Die Fleischstücke in eine Schüssel geben Zwiebel abziehen und würfeln. Bleichsellerie waschen, putzen und in Stücke schneiden. Die restlichen Zutaten für die Marinade zusammen mit Zwiebel und Sellerie zum Fleisch geben.

2 Die Ente mindestens 4 Stunden im Kühlschrank marinieren lassen. Herausnehmen und sorgfältig trockentupfen.

3 Zwiebel abziehen, in Scheiben schneiden und in Öl in einer Kasserolle glasig dünsten. Die Entenstücke hineingeben und goldbraun anbraten. Salzen und pfeffern. Knoblauch abziehen, fein hacken und zusammen mit Rosmarin und Salbei hinzufügen. Die Ente auf kleiner Flamme zugedeckt schmoren lassen.

4 Nach 10 Minuten den Wein zugießen, nach weiteren 20 Minuten die Brühe zugeben und alles weitere 20 Minuten sanft kochen lassen.

5 Das Fleisch herausnehmen. Die Bratensauce mit einem Löffel oder mit Hilfe von Küchenkrepp entfetten und zur Ente servieren.

Dauert etwa 1 Stunde 30 Minuten (ohne Marinierzeit)

1 küchenfertige Ente (ca. 1200 g)

Für die Marinade

1 Zwiebel
1 Stange Bleichsellerie
1/2 l Weißwein
1 Lorbeerblatt
2 Gewürznelken

Für die Sauce

1 Zwiebel
Olivenöl extra vergine
Salz
Pfeffer aus der Mühle
1 Knoblauchzehe
etwas frischer Rosmarin
2 Salbeiblätter
3 Gläser Weißwein
1 Schöpflöffel heiße Fleischbrühe

Anatra al barolo
Ente in Barolo

1 küchenfertige Ente (ca. 1200 g)
Salz
Pfeffer aus der Mühle
Saft von 1/2 Zitrone
2 Knoblauchzehen, abgezogen
einige Salbeiblätter
1 Zwiebel
3 Möhren
1 Stange Bleichsellerie
50 g Butter
Olivenöl extra vergine
1 Zweiglein Rosmarin
1 Stück Zimtstange
2 Gewürznelken
1/2 l Barolo (oder anderer kräftiger Rotwein)
1 Schöpflöffel heiße Fleischbrühe

Dauert etwa 2 Stunden

1 Die Ente waschen, trockentupfen und innen mit Salz, Pfeffer, Zitronensaft, 1 Knoblauchzehe und 1 Salbeiblatt einreiben. Die Ente so mit Küchengarn umwinden, dass Flügel und Schenkel am Körper anliegen.

2 Zwiebel abziehen, Möhren und Sellerie putzen. Den Sellerie in Stücke, Zwiebel und Möhren in Scheiben schneiden. Die zweite Knoblauchzehe fein hacken.

3 In einer Kasserolle die Butter und etwas Öl erhitzen. Möhren, Zwiebel, Sellerie, Knoblauch und Rosmarin darin leicht dünsten. Die Ente hineinlegen, salzen, pfeffern und rundherum kräftig anbraten.

4 Etwas von dem Fett abschöpfen. Einige Salbeiblätter, Zimt, Gewürznelken, Wein und Brühe zufügen. Alles auf kleiner Flamme zugedeckt etwa 1 1/2 Stunden schmoren lassen.

5 Die Ente herausnehmen und tranchieren. Rosmarin, Salbei und Nelken entfernen. Die Sauce durch ein Sieb streichen und in den Topf zurückgeben, aufkochen lassen. Die Ente hineingeben und einige Minuten sanft kochen lassen. Die Ente anrichten, mit der Sauce übergießen.

Anatra arrosto
Bratente

1 Die Ente waschen, trockentupfen und innen mit Lorbeerblatt, Rosmarin, Salbei, Salz, Pfeffer und Zitronenschale einreiben. Mit Küchengarn so umwinden, dass Flügel und Schenkel am Körper anliegen.

2 Den Backofen auf 200 °C vorheizen. In einer großen Pfanne etwas Öl erhitzen und die Ente darin rundherum anbraten.

3 Eine feuerfeste Form einölen und die Ente hineinlegen. Im vorgeheizten Ofen (Umluft 180 °C, Gas Stufe 3 bis 4) 1 1/2 Stunden braten. Zwischendurch immer wieder den Bratfond über die Ente träufeln.

Dauert etwa 2 Stunden

1 küchenfertige Ente (ca. 1200 g)

1 Lorbeerblatt

1 Zweiglein Rosmarin

einige Salbeiblätter

Salz

Pfeffer aus der Mühle

Schale 1 unbehandelten Zitrone

Olivenöl extra vergine

Coniglio alla ligure
Kaninchen aus Ligurien

1 Kaninchen (ca. 1 kg)
1 Zwiebel
2 Knoblauchzehen
ca. 60 g Pinienkerne
Olivenöl extra vergine
1 Zweiglein Thymian
1 Lorbeerblatt
1 Zweiglein Rosmarin
Salz
1 Glas trockener Weißwein
heiße Fleischbrühe
100 g kleine schwarze Oliven

1 Das Kaninchen in Stücke zerlegen, Leber und Nieren beiseite legen. Zwiebel und Knoblauch abziehen und fein hacken. Zusammen mit den Pinienkernen in einem Terracottagefäß oder schweren Topf in etwas Öl andünsten.

2 Die Kaninchenstücke hinzufügen und von allen Seiten bei starker Hitze anbraten. Die Hitze herunterschalten. Thymian, Lorbeer, Rosmarin und Salz hinzufügen, gut umrühren und 1 Minute mitschmoren lassen.

3 Mit dem Wein übergießen und das Fleisch zugedeckt gut 15 Minuten schmoren lassen, bis der Wein völlig eingekocht ist. 1 Schöpflöffel Fleischbrühe, die Oliven sowie Leber und Nieren hinzufügen. Weitere 40 bis 50 Minuten auf kleinster Flamme sanft kochen lassen.

4 Leber und Nieren entweder extra servieren oder pürieren und unter die Sauce rühren.

Dauert etwa 1 Stunde 40 Minuten

Coniglio alla romana
Kaninchen auf römische Art

1 Das Kaninchen in Stücke zerlegen, leicht in Mehl wenden und mit wenig Öl in einer Pfanne von allen Seiten rundum anbraten. Das Fleisch aus der Pfanne heben und mit Küchenkrepp gut trockentupfen. Das Öl in einen schweren Topf geben.

2 Den Knoblauch abziehen und zusammen mit Sardellenfilets und Rosmarin fein hacken.

3 Die Kaninchenstücke in den Topf geben, leicht salzen und pfeffern, Knoblauch, Sardellen, Rosmarin und Essig zufügen und alles auf kleinster Flamme 50 bis 60 Minuten zugedeckt schmoren lassen.

4 Zwischendurch mehrmals wenden, eventuell noch etwas Wasser oder heiße Fleischbrühe hinzufügen.

Dauert etwa 1 Stunde 15 Minuten

1 Kaninchen (ca. 1 kg)
Mehl zum Wenden
Olivenöl extra vergine
2 Knoblauchzehen
4 Sardellenfilets
1 Zweiglein Rosmarin
Salz
Pfeffer aus der Mühle
1 kleines Glas Weinessig
evtl. Fleischbrühe

Coniglio all'emiliana
Kaninchen aus der Emilia

1 Kaninchen (ca. 1 kg)
1 Knoblauchzehe
3–4 Wacholderbeeren
3–4 Salbeiblätter
etwas Rosmarin
Salz
Pfeffer aus der Mühle
1/2 Glas Weinessig
1 Glas Olivenöl extra vergine

1 Das Kaninchen in Stücke zerlegen. Den Knoblauch abziehen und in kleine Würfel hacken. Wacholderbeeren, Salbei und Rosmarin fein hacken.

2 Das Kaninchen in ein Gefäß geben, die Gewürze zufügen, salzen und pfeffern und mit Essig und Öl übergießen. Einige Stunden marinieren, am besten über Nacht, zwischendurch hin und wieder wenden.

3 Das Kaninchen zusammen mit der Marinade in einen Topf geben und zugedeckt etwa 75 Minuten schmoren lassen. Den Deckel abnehmen und den Sud etwas einkochen lassen. Das Kaninchen heiß servieren.

Dauert etwa 1 Stunde 30 Minuten (ohne Marinierzeit)

Coniglio in agrodolce alla siciliana
Kaninchen süßsauer auf sizilianische Art

1 Kaninchen in Stücke schneiden, waschen, abtrocknen und in eine Schüssel geben. Zwiebel in Ringe schneiden. Knoblauch würfeln. Restliche Zutaten für die Marinade mit Zwiebel und Knoblauch in einem Topf aufkochen lassen, über das Fleisch gießen und mehrere Stunden ziehen lassen. Zwiebel und Schinkenspeck klein hacken, mit den Pinienkernen in Öl andünsten.

2 Das Fleisch aus der Marinade nehmen, gut abtrocknen, leicht in Mehl wenden, scharf anbraten. Hitze reduzieren, Lorbeerblatt, Salz, Pfeffer und Sultaninen zufügen, gut umrühren und 1 Minute schmoren lassen.

3 Die Marinade abseihen, über das Fleisch gießen. Auf kleiner Flamme zugedeckt 30 Minuten schmoren lassen, bis die Flüssigkeit völlig eingekocht ist. 1 bis 2 Schöpflöffel Brühe zufügen. Weitere 40 Minuten sanft kochen lassen.

4 Kurz vor Garzeitende Zucker hellgelb karamellisieren lassen. Essig zufügen, kurz einkochen lassen und die Mischung über das Kaninchen gießen. Die Sauce etwas einkochen lassen und das Kaninchen heiß servieren.

Dauert etwa 1 Stunde 40 Minuten (ohne Marinierzeit)

1 Kaninchen (ca. 1 kg)

Für die Marinade

1 Zwiebel, abgezogen
1 Knoblauchzehe, abgezogen
2 Gläser Rotwein
2 Gewürznelken
1 Bund Petersilie, gehackt
1 Lorbeerblatt
1 – 2 Salbeiblätter
einige Pfefferkörner

Für die Sauce

1/2 Zwiebel
50 g Schinkenspeck
50 g Pinienkerne
Olivenöl extra vergine
Mehl zum Wenden
1 Lorbeerblatt, Salz
Pfeffer aus der Mühle
50 g Sultaninen
heiße Fleischbrühe
2 EL Zucker

Coniglio in fricassea
Kaninchenragout

1 Kaninchen (ca. 1 kg)
Salz
25 – 30 g getrocknete Steinpilze
1 Zwiebel
2 Knoblauchzehen
50 g Schinkenspeck
40 g Butter
Olivenöl extra vergine
Mehl zum Wenden
1 Lorbeerblatt
etwas Rosmarin, kleingehackt
1 Glas Weißwein
heiße Fleischbrühe
3 Eigelb
Saft von 1 Zitrone
1 abgeriebene Schale 1 unbehandelten Zitrone
1 Handvoll Petersilie, klein gehackt
evtl. 1 EL Parmesan, frisch gerieben

1 Das Kaninchen in Stücke zerlegen, Leber und Nieren beiseite legen. Die Fleischstücke 1 bis 2 Minuten in kochendes Salzwasser geben, abgießen und sofort unter kaltem Wasser abschrecken. Anschließend gut abtrocknen.

2 Die Pilze in einem Glas lauwarmem Wasser einweichen. Die Zwiebel und die Knoblauchzehen abziehen.

3 Die Zwiebel mit dem Schinkenspeck klein hacken. Beides in der Butter und etwas Öl in einem Terracottatopf oder schweren Topf andünsten.

4 Die Kaninchenstücke leicht in Mehl wenden und zusammen mit dem Knoblauch in den Topf geben. Von allen Seiten kräftig anbraten.

5 Die Flamme kleiner stellen. Lorbeer, Rosmarin, Salz und Wein hinzufügen und alles zugedeckt etwa 15 Minuten schmoren lassen, bis der Wein völlig eingekocht ist.

6 Die Pilze abgießen, das Einweichwasser auffangen und abseihen. Pilze, Leber und Nieren fein hacken.

7 1 Schöpflöffel Brühe, Pilze, Einweichwasser, Leber und Nieren zum Kaninchen geben und weitere 40 bis 50 Minuten zugedeckt auf kleinster Flamme sanft kochen lassen.

8 Inzwischen in einer Schüssel die Eigelbe mit Zitronensaft, Zitronenschale und Petersilie verquirlen, nach Belieben auch den Parmesan hinzufügen.

9 Die Kaninchenstücke aus dem Topf heben und die Sauce noch etwas einkochen lassen, falls sie zu flüssig ist. Die verquirlten Eigelbe hineinrühren, das Fleisch in den Topf zurückgeben, gut umrühren, kurz ziehen lassen und sofort servieren.

Dauert etwa 1 Stunde 40 Minuten

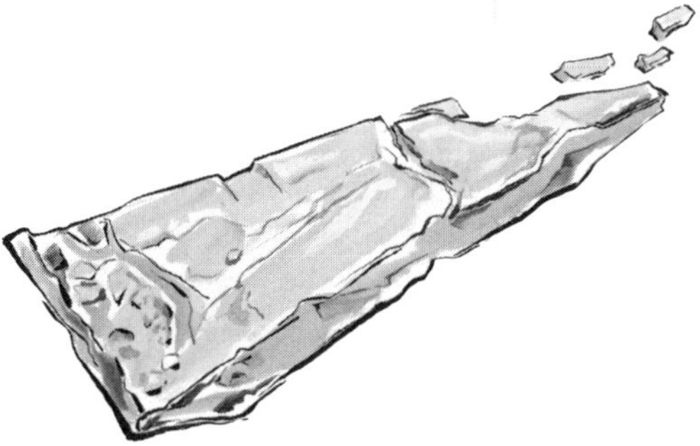

Coniglio alla langarola
Kaninchen aus der Langhe

1 Kaninchen (ca. 1 kg)
350 g frische Steinpilze (oder Zuchtpilze)
25 g getrocknete Steinpilze
1 Zwiebel
2 Knoblauchzehen
1 Stange Bleichsellerie
1 Möhre
40 g Butter
Olivenöl extra vergine
1 Glas Rotwein
Salz
1 EL Tomatenmark
1 Schöpflöffel heiße Fleischbrühe
1 Lorbeerblatt
1 Zweig Rosmarin

Tipp **Die ideale Beilage zu diesem Gericht ist Polenta.**

Dauert etwa 1 Stunde und 40 Minuten

1 Kaninchen in Stücke schneiden, Leber und Nieren beiseite legen. Frische Pilze putzen und klein schneiden. Getrocknete Pilze in warmem Wasser einweichen. Zwiebel und Knoblauch abziehen, Sellerie und Möhre putzen. Alles fein schneiden. Die eingeweichten Pilze abtropfen lassen und klein schneiden. Das Einweichwasser auffangen und abseihen.

2 Kaninchen in 20 Gramm Butter und wenig Öl kräftig anbraten und so lange schmoren lassen, bis die austretende Flüssigkeit eingekocht ist. Das Fleisch herausnehmen und warm stellen.

3 Restliche Butter und etwas Öl in den Topf geben. Zwiebel, Knoblauch, Sellerie, Möhre und die getrockneten Pilze auf kleiner Flamme darin andünsten. Das Fleisch zugeben und einige Minuten unter ständigem Wenden schmoren.

4 Wein aufgießen, salzen und auf niedriger Stufe zugedeckt 15 Minuten weiterschmoren lassen, bis der Wein völlig eingekocht ist.

5 Leber und Nieren klein schneiden. Tomatenmark in der Brühe auflösen. Frische Pilze, aufgelöstes Tomatenmark, Leber und Nieren, Lorbeerblatt, Rosmarin und das Pilzwasser zufügen. 40 Minuten auf kleinster Flamme kochen lassen.

Coniglio al pomodoro
Kaninchen in Tomatensauce

1 Kaninchen (ca. 1 kg)
1 Zwiebel
1 Knoblauchzehe
1 Stange Bleichsellerie
1 Möhre
Olivenöl extra vergine
Salz
frisch gemahlener Pfeffer (oder Cayennepfeffer oder 1 frischer scharfer Peperone)
1/2 Glas Wein (rot oder weiß)
300 g pürierte Tomaten
heiße Fleischbrühe
Oregano
1 Lorbeerblatt

1 Das Kaninchen abwaschen, abtrocknen und in Stücke zerlegen.

2 Zwiebel und Knoblauchzehe abziehen, Sellerie und Möhre putzen und alles klein hacken. Das Gemüse in etwas Olivenöl anschmoren, das Kaninchen hinzufügen und von allen Seiten gut anbraten.

3 Salzen, pfeffern und den Wein zugießen, auf großer Flamme im offenen Topf einige Minuten einkochen lassen.

4 Das Tomatenpüree, 1 Schöpflöffel Fleischbrühe, 1 Prise Oregano und das Lorbeerblatt hinzufügen und alles 1 Stunde auf kleiner Flamme zugedeckt schmoren lassen.

Dauert etwa 1 Stunde 30 Minuten

Zur Abwechslung Nach Belieben können Sie zusammen mit den Tomaten 50 Gramm schwarze oder grüne Oliven oder 2 klein geschnittene Paprikaschoten hinzufügen.

Coniglio fritto
Frittiertes Kaninchen

1 kg entbeinter Kaninchenrücken

3 EL Olivenöl extra vergine

Saft von 1/2 Zitrone

einige Salbeiblätter

etwas Pfeffer aus der Mühle

3 Eier

Salz

Semmelbrösel zum Panieren

Öl zum Ausbacken

1 unbehandelte Zitrone

1 Das Fleisch in nicht allzu dicke Stücke schneiden. In eine Schüssel geben, Olivenöl, Zitronensaft, Salbeiblätter und Pfeffer hinzufügen. Gut umrühren und an einem kühlen Ort mindestens 1 Stunde ziehen lassen.

2 Die Eier mit etwas Salz verquirlen. Das Fleisch aus der Marinade nehmen, trockentupfen, durch das Ei ziehen und in den Semmelbröseln wenden.

3 Das Fleisch in reichlich heißem Öl etwa 10 Minuten frittieren, zwischendurch nur einmal wenden. Nicht zu viele Stücke auf einmal frittieren, damit das Öl seine Temperatur behält.

4 Die Kaninchenstücke nach und nach auf Küchenkrepp abtropfen lassen und warm stellen. Die Zitrone in Scheiben schneiden und das Kaninchen damit servieren.

Dauert etwa 30 Minuten (ohne Marinierzeit)

Coniglio alla marchigiana
Kaninchen aus den Marken

1 Kaninchen waschen und gut abtrocknen. Innen und außen leicht salzen und pfeffern. Knoblauch abziehen. Fenchelgrün waschen, zusammen mit der Knoblauchzehe in Wasser etwa 10 Minuten garen lassen.

2 Knoblauch herausnehmen. Fenchelgrün abgießen, ausdrücken und hacken. Das Kochwasser auffangen. Den Ofen auf 200 °C vorheizen.

3 Leber und Lungen in Scheibchen schneiden. Schinkenspeck, Salami und Schinken fein hacken. Zusammen mit dem Fenchelgrün in etwas Öl leicht andünsten. Den Topf vom Feuer nehmen und Leber- und Lungenscheibchen unterrühren. Die Mischung in das Kaninchen füllen und die Bauchöffnung mit Garn verschließen.

4 Eine Form einölen, das Kaninchen hineinlegen und im vorgeheizten Ofen (Umluft 180 °C, Gas Stufe 3 bis 4) 15 bis 20 Minuten von beiden Seiten anbraten. Mit dem Wein begießen und etwa 20 Minuten weiterschmoren lassen, bis der Wein völlig eingekocht ist.

5 Das Kaninchen mit dem Fenchelkochwasser begießen, noch etwa 40 Minuten sanft kochen lassen und dabei hin und wieder wenden. Den Braten in Stücke teilen und heiß servieren.

1 Kaninchen (ca. 1 kg), möglichst mit Leber und Lungen

Salz

Pfeffer

1 Knoblauchzehe

200–250 g Fenchelgrün

100 g Schinkenspeck

100 g Salami

50 g roher Schinken

Olivenöl extra vergine

1 Glas Weißwein

Dauert etwa 2 Stunden

Coniglio con gremolada
Kaninchen mit Nusssauce

1 Kaninchen (ca. 1 kg)
1 kleine Zwiebel
2 Knoblauchzehen
50 g Schinkenspeck
40 g Butter
Olivenöl extra vergine
1 Lorbeerblatt
Salz
1 Glas Weißwein
Fleischbrühe

1 Das Kaninchen in Stücke zerlegen, Leber und Nieren beiseite legen. Zwiebel und Knoblauch abziehen und zusammen mit dem Schinkenspeck klein hacken.

2 Die Zwiebel auf kleiner Flamme in einem Terracottatopf oder einem anderen schweren Topf in Butter und etwas Öl glasig dünsten. Knoblauch und Schinkenspeck hinzufügen und einige Minuten mitdünsten.

3 Das Fleisch hinzugeben und von allen Seiten kräftig anbraten. Das Lorbeerblatt hinzufügen, salzen, mit dem Wein begießen und auf niedriger Stufe zugedeckt gut 15 Minuten schmoren lassen, bis der Wein eingekocht ist.

4 1 Schöpflöffel Brühe sowie Leber und Nieren hinzufügen. Das Kaninchen weitere 40 bis 50 Minuten auf kleinster Flamme weiter sanft kochen lassen.

5 Inzwischen alle Zutaten für die Sauce miteinander vermischen, kurz vor Ende der Garzeit in den Topf geben und noch einige Minuten sanft kochen lassen.

6 Leber und Nieren entweder extra servieren oder im Mixer pürieren und unter die Sauce mischen.

Dauert etwa 1 Stunde 40 Minuten

Zur Abwechslung Statt Fleischbrühe können Sie auch 400 Gramm pürierte Tomaten zum Fleisch geben.

Für die Sauce

ca. 8 Walnusskerne, klein gehackt

1 Handvoll fein gehackte Petersilie

1 knapper EL frischer Rosmarin, fein gehackt

abgeriebene Schale 1/2 unbehandelten Zitrone

Lepre in agrodolce
Hase süßsauer

- 1 gut abgehangener Hase (ca. 1 1/2 kg)
- Olivenöl extra vergine
- 2 Knoblauchzehen, abgezogen
- 1 Zweiglein Rosmarin
- 1 Möhre
- 1 Stange Bleichsellerie
- 1 Zwiebel, abgezogen
- einige Stängel Petersilie
- evtl. etwas Butter
- 1 Lorbeerblatt
- einige Salbeiblätter
- Salz
- Pfeffer aus der Mühle
- 1 Glas Rotwein
- 300 g pürierte Tomaten
- heiße Fleischbrühe
- 100 g Pinienkerne
- 70 g Sultaninen, eingeweicht
- 1 EL kandierte Früchte, kleingehackt
- 2 EL Kakaopulver
- 1 1/2 EL Zucker
- 1/2 Glas Weinessig

1 Den Hasen in kleinere Stücke teilen und in einer eingeölten Pfanne mit 1 Knoblauchzehe und 1/2 Rosmarinzweig auf kleiner Flamme zugedeckt 10 bis 15 Minuten schmoren lassen. Die ausgetretene Flüssigkeit abgießen.

2 Möhre und Sellerie putzen. Beides mit der Zwiebel, der zweiten Knoblauchzehe und Petersilie hacken, in Öl dünsten. Das Fleisch hineingeben und von allen Seiten kräftig anbraten. Lorbeer und Salbei hinzufügen, salzen und pfeffern. Den Wein zugießen und einkochen lassen.

3 Tomatenpüree und 1 Schöpflöffel Brühe zufügen. Den Topf zudecken und alles gut 1 1/2 Stunden sanft kochen lassen, bis das Fleisch ganz weich ist. Evtl. etwas heiße Brühe hinzugeben, falls zu viel Flüssigkeit verkocht.

4 Pinienkerne in Öl rösten. Sultaninen, kandierte Früchte, Kakao, Zucker und ein Gläschen Brühe hinzufügen. Aufkochen lassen, mit dem Schneebesen mischen und 10 Minuten sanft kochen lassen. Essig zugeben, die Sauce umrühren und über das Fleisch gießen. Bei starker Hitze den Hasen 5 bis 10 Minuten unter Rühren kochen lassen.

Dauert etwa 3 Stunden

Cinghiale in umido
Geschmortes Wildschwein

1 Das Fleisch in nicht allzu kleine Stücke schneiden und in eine große Schüssel geben. Aus den Zutaten eine Marinade rühren und das Fleisch darin mindestens 12 Stunden, besser über Nacht, an einem kühlen Ort ziehen lassen.

2 Für die Sauce Zwiebel abziehen, Möhren und Sellerie putzen und alles klein hacken. Das Gemüse in Öl andünsten.

3 Das Fleisch aus der Marinade nehmen, trockentupfen und zum Gemüse geben. 10 Minuten kräftig rundherum anschmoren. Lorbeer, Rosmarin, Gewürznelken, Wein, Tomatenpüree und 1 Schöpflöffel Brühe hinzufügen. Salzen und pfeffern.

4 Das Wildschwein auf kleinster Flamme 2 1/2 bis 3 Stunden schmoren lassen, dabei hin und wieder umrühren. Etwas Fleischbrühe hinzufügen, falls die Sauce zu sehr einkocht.

5 Das Fleisch mit der Sauce zusammen servieren.

Dauert 3 bis 3 1/2 Stunden (ohne Marinierzeit)

1200 g gut abgehangenes Fleisch vom Wildschweinfleisch

Für die Marinade

1 Zwiebel, klein geschnitten

2 Möhren, klein geschnitten

2 Stangen Bleichsellerie, klein geschnitten

1 Zweig Rosmarin

2 Lorbeerblätter

3 Gewürznelken

einige Pfefferkörner

1 l kräftiger Rotwein

Für die Sauce

1 Zwiebel, 2 Möhren

1 Stange Bleichsellerie

Olivenöl extra vergine

1 Lorbeerblatt

1 Zweig Rosmarin

2 Gewürznelken

knapp 3/4 l Rotwein

400 g pürierte Tomaten

heiße Fleischbrühe

Salz und Pfeffer

Capriolo arrosto

Gebratener Rehschlegel

ca. 1200 g Rehschlegel oder -schulter

Für die Marinade

2 Möhren
1 Stange Bleichsellerie
1 Zwiebel
1 Knoblauchzehe
knapp 1 l Rotwein
1 Gläschen Weinessig
1 Lorbeerblatt
1 Zweig Rosmarin
1 Zweiglein Thymian
2 Gewürznelken

Zum Braten

Salz und Pfeffer
70 g fetter Speck
einige Zweiglein frischer Rosmarin
50 g weiche Butter
evtl. Rotwein

Für die Sauce

30 g Butter, 1 EL Mehl
1 Glas Rotwein
1 Schöpflöffel Brühe

1 Reh waschen, trockentupfen und in ein großes Gefäß legen. Möhren und Sellerie putzen und fein hacken. Zwiebel und Knoblauch abziehen und würfeln. Alle Zutaten für die Marinade zum Reh geben und alles 1 Tag marinieren.

2 Ofen auf 250 °C vorheizen. Reh aus der Marinade nehmen, trockentupfen, leicht salzen und pfeffern. Speck in Stifte schneiden. Das Fleisch an mehreren Stellen mit einem scharfen Messer einschneiden. In jede Öffnung etwas Speck und Rosmarin stecken. Rundherum mit der Butter bestreichen. In einen Bräter legen.

3 In den vorgeheizten Ofen (Umluft 230 °C, Gas Stufe 6) schieben und 20 Minuten braten. Zwischendurch das Fleisch mehrmals umdrehen und mit dem Bratenfond beträufeln.

4 Die Hitze auf 180 °C (Umluft 160 °C, Gas Stufe 2 bis 3) reduzieren und das Reh noch eine gute Stunde schmoren lassen. Nach Belieben zwischendurch mit Wein beträufeln. Das Fleisch aus der Form nehmen und warm stellen. Butter und Mehl zum Fond geben und mit Wein löschen. Einkochen lassen, heiße Brühe zufügen. Eindicken lassen und abschmecken.

Dauert 2 Stunden 30 Minuten (ohne Marinieren)

Capriolo in umido
Rehragout

1 Das Fleisch waschen, trockentupfen, in Stücke schneiden und in eine Schüssel geben. Möhren und Sellerie putzen und hacken. Zwiebel und Knoblauch abziehen und würfeln. Alle Zutaten für die Marinade zusammen aufkochen, etwas abkühlen lassen und über das Fleisch gießen. Einen Tag ziehen lassen.

2 Für die Sauce Zwiebel abziehen, Sellerie und Möhren putzen und alle Zutaten zusammen mit dem Speck klein schneiden. Alles in Olivenöl andünsten.

3 Das Fleisch aus der Marinade nehmen, in den Topf geben und rundum kräftig anbraten. Den Wein angießen. Thymian, Lorbeer, Rosmarin, Wacholder und 1 Schöpflöffel heiße Brühe hinzufügen und alles aufkochen lassen.

4 Die Flamme kleiner stellen. Das Fleisch salzen, nach Belieben auch pfeffern. 1 1/2 bis 2 Stunden schmoren lassen und etwas Brühe hinzufügen, falls die Sauce zu sehr einkocht.

5 Das Fleisch herausnehmen und warm stellen. Den Bratenfond loskochen und extra zum Fleisch servieren.

Dauert etwa 3 Stunden

1 kg Rehfleisch

Für die Marinade
2 Möhren
1 Stange Bleichsellerie
1 Zwiebel
1 Knoblauchzehe
knapp 1 l Rotwein
1 Gläschen Weinessig
1 Lorbeerblatt
1 Zweig Rosmarin
1 Prise Thymian
2 Gewürznelken

Für die Sauce
1 Zwiebel
1 Stange Bleichsellerie
2 Möhren
30 g fetter Speck
Olivenöl extra vergine
2 Gläser Rotwein
Thymian
1 Lorbeerblatt
1 Zweig Rosmarin
Wacholderbeeren
Fleischbrühe, Salz, evtl. Pfeffer

Scampi con salsa di ruco
Pesce alla griglia
Branzino con patate alla ligure
Dentice con olive alla pugliese
Acciughe al forno con patate
Triglie al cartoccio
Cozze dorate
Stoccafisso alla lombarda
Agghiotta di pesce spada all
Cassola sarda di pesce
Calamari in bianco
Seppie con piselli
Orata al cartocci

Pesce e crostacei

Fisch und Krustentiere

Die italienische Halbinsel ist von Meer umgeben, und dementsprechend viele Fischrezepte haben sich hier entwickelt.

Im folgenden Kapitel finden Sie eine reiche Auswahl an Rezepten für köstliche Fisch- und Meeresfrüchtegerichte, wie sie in den verschiedenen Regionen Italiens zubereitet werden. Doch gilt dabei immer als erste Regel, dass der Fisch möglichst frisch sein soll und man ihn zwar würzig zubereitet, aber nicht mit allzu vielen Zutaten erschlagen darf!

Wenn nicht anders angegeben, sind alle Rezepte für 4 Portionen berechnet.

Branzino con i frutti di mare

Seebarsch mit Meeresfrüchten

1 großer Seebarsch von ca. 1 kg (oder 4 kleine à 250 g)

1 Prise Thymian

reichlich Petersilie, fein gehackt

Salz

Pfeffer aus der Mühle

500 g frische Miesmuscheln (oder 300 g Tiefkühlmuscheln oder Muscheln aus dem Glas)

1 Knoblauchzehe, abgezogen

3 Gläser trockener Weißwein

250 g geschälte, klein geschnittene Tomaten (oder Dosentomaten)

300 g Venusmuscheln

Olivenöl extra vergine

1 Stück frischer (oder getrockneter) Peperone

100 g schwarze Oliven

200 g Tintenfisch, in Ringe geschnitten

200 g rohe Garnelen

1 EL Kapern

1 Den Barsch schuppen, ausnehmen und waschen. Innen leicht mit Thymian und Petersilie würzen, salzen und pfeffern. Die Miesmuscheln putzen, waschen und mit der Knoblauchzehe, 1/2 Glas Wein und 100 Gramm Tomaten auf kleiner Flamme 5 bis 10 Minuten garen, bis die Muscheln sich geöffnet haben (ungeöffnete wegwerfen).

2 Vom Feuer nehmen und jeweils diejenige Hälfte der Schale entfernen, an der die Muschel nicht befestigt ist. Den Sud durch ein Sieb streichen und beiseite stellen. Den Backofen auf 200 °C vorheizen.

3 Die Venusmuscheln in einen leicht eingeölten Topf geben. 1/2 Glas Wein und den Peperone hinzufügen und die Venusmuscheln einige Minuten zugedeckt auf kleiner Flamme garen, bis sie sich geöffnet haben. Herausnehmen und den Sud sorgfältig abseihen.

4 Eine große Form einölen und den Fisch hineinlegen. Die Oliven, den restlichen Wein, etwas Petersilie, die Tintenfischringe, Garnelen und Kapern, die restlichen Tomaten und den abgeseihten Sud von Mies- und Venusmuscheln hinzugeben. Sparsam salzen.

5 Den Fisch je nach Größe 15 bis 30 Minuten im vorgeheizten Ofen (Umluft 180 °C, Gas Stufe 3 bis 4) garen.

6 5 Minuten vor Ende der Kochzeit die Mies- und Venusmuscheln hinzugeben und erneut Petersilie darüber streuen.

Dauert etwa 1 Stunde und 10 Minuten

Tipp Sie brauchen erheblich weniger Zeit, wenn Sie Fisch und Muscheln gleich vom Händler putzen lassen.

Zur Abwechslung

- Der Seebarsch mit Meeresfrüchten schmeckt auch sehr gut »in bianco« – dafür lassen Sie einfach die Tomaten weg.
- Nach diesem Rezept können Sie jede größere Fischart zubereiten.

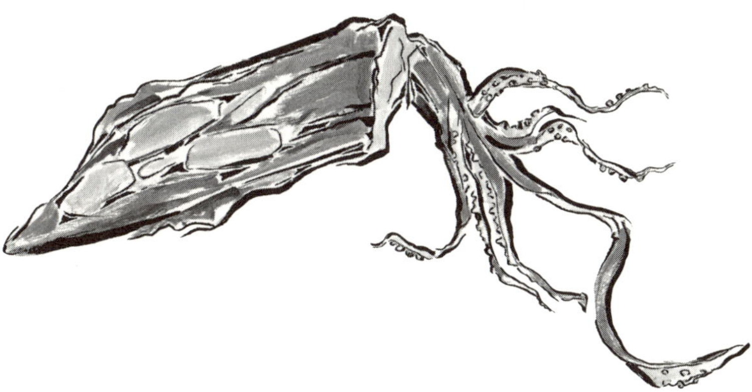

Branzino con carciofi e patate

Seebarsch mit Artischocken und Kartoffeln

4 Seebarsche (jeweils ca. 250 g)

ca. 100 g Mehl

Olivenöl extra vergine

5 junge Artischocken (auch tiefgekühlt)

Saft von 1 1/2 Zitronen

400 g Kartoffeln

Salz

1 Glas trockener Weißwein

frischer Thymian, fein gehackt

2 Gläser Fischbrühe (oder Fischfond aus dem Glas)

evtl. 1–2 TL Kapern

Pfeffer aus der Mühle

etwas Petersilie, fein gehackt

einige Tropfen Worcestersauce

1 Fische, falls nötig, schuppen und mit einem scharfen Messer den Bauch vom Kopf bis zum Schwanz so aufschneiden, dass sich die Fische wie ein Buch öffnen lassen. Eventuell ausnehmen, waschen und trockentupfen.

2 Von innen und außen mit Mehl bestäuben. Die Barsche aufklappen, zuerst auf der Innenseite und dann von außen in Olivenöl goldbraun braten. Sofort wieder aus der Pfanne nehmen, damit sie innen noch roh bleiben.

3 Die Artischocken von den harten Außenblättern, den dornigen Spitzen und vom Stiel befreien, in nicht zu dicke Schnitze teilen und sofort in Zitronenwasser legen.

4 Die Kartoffeln schälen, waschen und in Stifte schneiden. Einige Minuten in kochendem Salzwasser blanchieren. Den Backofen auf 180 °C vorheizen.

5 Die Artischocken abgießen, trocken tupfen und kurz mit wenig Öl in einer zweiten Pfanne sautieren. 1/2 Glas Wein aufgießen.

6 Sobald der Wein eingekocht ist, mit etwas Thymian würzen, leicht salzen und 1/2 Glas Fischbrühe aufgießen. Die Artischocken etwa 5 Minuten schmoren lassen.

7 Die Kartoffelstifte in einen Topf geben, mit etwas Salz und Thymian würzen und mit der restlichen Fischbrühe übergießen (einige Esslöffel zurückbehalten). Zum Kochen bringen und etwa 5 Minuten sanft kochen lassen. Die Kartoffeln abgießen und die Brühe auffangen.

8 Eine feuerfeste Form leicht einölen, die Fische hineinlegen, nach Belieben mit den Kapern und Thymian bestreuen, pfeffern und mit dem restlichen Wein übergießen.

9 Sobald der Wein eingekocht ist, die aufgefangene Fischbrühe hinzugeben und die Barsche im vorgeheizten Ofen (Umluft 160 °C, Gas Stufe 2 bis 3) 20 Minuten garen.

10 Die restliche Fischbrühe mit etwas Worcestersauce und Zitronensaft vermischen. Gut 5 Minuten vor Ende der Garzeit die Kartoffeln, die Artischocken, etwas Petersilie und die gewürzte Brühe hinzugeben.

Dauert etwa 1 Stunde 15 Minuten

Tipp Sie können für dieses Gericht auch jeden anderen beliebigen fangfrischen Fisch verwenden.

Branzino con patate alla ligure

Seebarsch mit Kartoffeln aus Ligurien

1 großer Seebarsch oder mehrere kleine Fische (insgesamt ca. 1 kg)

1 Knoblauchzehe

400 g Kartoffeln

Salz

Pfeffer aus der Mühle

reichlich frischer Thymian

3 EL Olivenöl extra vergine

1 Glas trockener Weißwein

1 gehäufter EL fein gehackte Petersilie

Tipp Verwenden Sie mehrere kleine Fische, sollten Sie mit nur 15 bis 20 Minuten Garzeit rechnen und die Kartoffeln außerdem etwas feiner schneiden.

1 Den Fisch, falls erforderlich, schuppen, ausnehmen und waschen.

2 Die Knoblauchzehe abziehen und fein hacken. Die Kartoffeln schälen, waschen, in Stifte schneiden und etwa 1 Minute in kochendem Salzwasser blanchieren. Abgießen und unter fließendem Wasser abschrecken.

3 Den Fisch von außen salzen und pfeffern, innen mit etwas Thymian, Knoblauch und Salz würzen.

4 Eine Kasserolle leicht einölen. Die Kartoffeln gleichmäßig einschichten, den Fisch darauflegen und mit etwas Thymian bestreuen. Den Wein darübergießen und den Fisch bei mäßiger Hitze zugedeckt etwa 30 Minuten schmoren. Den Fisch zwischendurch immer wieder mit etwas Garfond beträufeln.

5 Den gegarten Fisch vorsichtig auf eine Servierplatte setzen. Die Kartoffeln ringsum anrichten und alles mit Petersilie bestreuen.

Dauert etwa 50 Minuten

Pesce alla griglia
Grillfisch

1 Den Fisch waschen, gut abtrocknen und in eine große Schüssel legen.

2 Den Knoblauch abziehen und in Scheiben schneiden. Aus Öl, Knoblauch, Thymian, Rosmarin, Petersilie, Salz und Peperone eine Marinade zubereiten und über den Fisch gießen. Mindestens 30 Minuten ziehen lassen.

3 Den Fisch grillen und zwischendurch immer wieder mit der Knoblauchmarinade bestreichen.

4 Mit Zitronenscheiben oder beliebigen anderen Saucen heiß servieren.

Dauert etwa 50 Minuten

1 kg beliebiger Fisch

1/2 Glas Olivenöl extra vergine

2 Knoblauchzehen

je etwas frischer Thymian, Rosmarin und Petersilie, klein gehackt

Salz

etwas zerstoßener getrockneter Peperone (oder Pfeffer aus der Mühle)

evtl. 1 Zitrone in Scheiben

Tipps

- **Bei Fischen mit sehr zartem Fleisch empfiehlt es sich, sie vor dem Grillen leicht in Mehl zu wenden.**
- **Wenn Sie sehr große Fische grillen, schneiden Sie sie vor dem Grillen am besten an mehreren Stellen leicht ein, damit die Hitze gleichmäßig eindringen kann.**
- **Auf diese Weise können Sie Fische aller Art zubereiten – z. B. Schwertfisch, Thunfisch, Merlan, Goldbrasse, Meeräsche oder Barsch.**

Orata al cartoccio con i frutti di mare

Goldbrasse mit Meeresfrüchten in der Folie

2 mittelgroße oder 4 kleine Goldbrassen (zusammen ca. 1 kg)

Salz

Pfeffer aus der Mühle

1 Prise frischer Thymian

Petersilie, fein gehackt

500 g frische (oder 300 g tiefgekühlte) Muscheln

2 Knoblauchzehen

1 1/2 Gläser trockener Weißwein

250 g geschälte Tomaten (oder Dosentomaten), kleingehackt

Olivenöl extra vergine

200 g tiefgekühlte Tintenfischringe

200 g rohe Garnelen

1 Stück unbehandelte Zitronenschale

100 g schwarze Oliven

50 g Kapern

1 Ei

1 Die Fische putzen, waschen und trockentupfen. Innen leicht salzen, pfeffern und mit Thymian und etwas Petersilie einreiben.

2 Die Muscheln putzen, waschen und zusammen mit 1 abgezogenen Knoblauchzehe, 1/2 Glas Wein und 100 Gramm Tomaten im geschlossenen Topf 5 bis 10 Minuten garen.

3 Sobald sich alle Muscheln geöffnet haben, den Topf vom Feuer nehmen und von jeder Muschel diejenige Schale entfernen, an der sie nicht befestigt ist (nicht geöffnete Muscheln wegwerfen). Die Muscheln beiseite stellen und den Sud aufheben.

4 Den Ofen auf 200 °C vorheizen. Die andere Knoblauchzehe abziehen, fein hacken und in 1 Esslöffel Öl auf kleiner Flamme andünsten.

5 Die Tintenfischringe hinzufügen und einige Minuten schmoren lassen. Mit 1/2 Glas Wein begießen. Sobald der Wein völlig eingekocht ist, die restlichen Tomaten hinzufügen und etwa 15 Minuten mitschmoren lassen. Die Tintenfischringe herausheben und die Tomatensauce zurückbehalten.

6 Für jede Goldbrasse ein ausreichend großes Stück Alufolie mit Olivenöl bestreichen. Die Fische jeweils in die Mitte legen. Muscheln, Tintenfischringe und Garnelen darauf verteilen. Zitronenschale, Oliven, Kapern und 1 Esslöffel Petersilie darüber streuen. Mit etwas Weißwein beträufeln und ein wenig Muschelsud und Tomatensauce darüber geben.

7 Das Ei verquirlen. Die Folienränder leicht damit bestreichen und die Folien gut verschließen. Im vorgeheizten Ofen (Umluft 180 °C, Gas Stufe 3 bis 4) 30 Minuten garen.

8 Die Folien auf eine Servierplatte legen und erst bei Tisch öffnen.

Dauert etwa 1 Stunde 15 Minuten

Zur Abwechslung

- Sie können den Fisch auch ohne Meeresfrüchte zubereiten. Ansonsten gehen Sie genau nach dem Rezept vor.
- Nach Belieben können Sie den Fisch noch in heißer Butter schwenken, bevor Sie ihn in die Folie legen.
- Auf gleiche Weise können Sie auch andere mittelgroße Meeresfische zubereiten, z. B. Seebarsch, Meeräsche, Zackenbarsch oder Meerbrasse.

Tipp Verwenden Sie nur einen großen Fisch, empfiehlt es sich, ihn zuvor mehrfach einzuschneiden. So gart er gleichmäßiger.

Acciughe ripiene con salsa al pomodoro

Gefüllte Sardellen mit Tomatensauce

1 kg frische Sardellen
1 kleine Zwiebel
2 Knoblauchzehen
1 Stück Bleichsellerie
Olivenöl extra vergine
ca. 250 g geschälte Tomaten (oder Dosentomaten)
1 Prise Oregano
Salz
1 Kopfsalatherz
2–3 Eier
200–250 g Semmelbrösel
1 Prise Majoran
etwas Petersilie, fein gehackt
Pfeffer aus der Mühle
evtl. etwas Milch

Dauert etwa 1 Stunde 30 Minuten

1 Sardellen waschen und die Köpfe abtrennen. Längs am Bauch öffnen, ausnehmen und die Rückengräte entfernen. Zwiebel und Knoblauch abziehen. Sellerie putzen und alles fein hacken. Zwiebel und Sellerie in 1 Esslöffel Olivenöl andünsten. Die Tomaten klein hacken.

2 Nach einigen Minuten die Hälfte des Knoblauchs hinzufügen und kurz andünsten. Tomaten, Oregano und 1/2 Glas Wasser zugeben, salzen und 10 Minuten sanft kochen lassen.

3 Das Salatherz fein hacken und 2 Eier verquirlen. Den Ofen auf 200 °C vorheizen. Semmelbrösel, Salat, Majoran, Petersilie, Eier, den restlichen Knoblauch, etwas Salz und Pfeffer und 1 Esslöffel Olivenöl vermengen und abschmecken. Falls die Mischung zu trocken ist, etwas Milch oder ein weiteres Ei hinzufügen.

4 Eine feuerfeste Form einölen. Den Boden mit Tomatensauce bedecken. Die aufgeklappten Sardellen mit dem Rücken nach unten hineinlegen. Die Füllung gleichmäßig über die Sardellen verteilen und mit etwas Öl beträufeln. 20 bis 30 Minuten im vorgeheizten Ofen (Umluft 180 °C, Gas Stufe 3 bis 4) garen.

Acciughe al forno con patate

Sardellen mit Kartoffeln

600 g Kartoffeln

Salz

800 g frische Sardellen

Olivenöl extra vergine

1 Knoblauchzehe

evtl. Cayennepfeffer (oder Pfeffer aus der Mühle)

1 EL Petersilie, fein gehackt

1/2 Glas Weißwein

1/2 Glas pürierte Tomaten

1 Die Kartoffeln schälen, waschen und in Scheiben schneiden. In Salzwasser halbgar kochen und unter kaltem Wasser abschrecken.

2 Die Sardellen waschen und die Köpfe abtrennen. Vorsichtig längs am Bauch öffnen und ausnehmen. Die Rückengräte herausziehen und darauf achten, dass der Rücken intakt bleibt. Unter fließendem Wasser abspülen und mit Küchenkrepp trockentupfen.

3 Eine feuerfeste Form einölen und die Kartoffeln hineinlegen. Die Sardellen aufklappen und mit der Haut nach oben darauf schichten.

4 Den Ofen auf 200 °C vorheizen. Die Knoblauchzehe abziehen und fein hacken.

5 Die Fische salzen, nach Belieben auch pfeffern, mit Petersilie und Knoblauch bestreuen, mit dem Weißwein beträufeln und das Tomatenpüree darüber verteilen.

6 Die Sardellen im vorgeheizten Ofen (Umluft 180 °C, Gas Stufe 3 bis 4) etwa 10 Minuten garen und heiß servieren.

Dauert etwa 40 Minuten

Trance di pesce spada alla meridionale

Schwertfischscheiben aus Süditalien

4 Scheiben Schwertfisch (jeweils ca. 250 g)

ca. 100 g Mehl

Olivenöl extra vergine

2 Knoblauchzehen, fein gehackt

frische Petersilie, fein gehackt

Thymian, fein gehackt

Salz

etwas Cayennepfeffer

1 Glas trockener Weißwein

1 Die Fischstücke leicht im Mehl wenden und in einer Pfanne in wenig Öl von beiden Seiten goldbraun braten.

2 Knoblauch, 1 Esslöffel Petersilie und etwas Thymian hinzugeben, salzen und pfeffern.

3 Den Fisch mit dem Weißwein begießen und etwa 10 Minuten auf kleiner Flamme gar schmoren.

4 Den Fisch auf eine Servierplatte legen, mit der Sauce begießen und mit etwas Petersilie bestreuen.

Dauert etwa 30 Minuten

Agghiotta di pesce spada alla siciliana

Schwertfisch auf sizilianische Art

1 Die Sultaninen waschen und in lauwarmem Wasser einweichen. Zwiebel und Knoblauch abziehen, den Sellerie putzen und alles fein hacken.

2 Den Fisch leicht im Mehl wenden und in wenig Olivenöl in einem schweren Topf auf beiden Seiten goldbraun anbraten, anschließend herausnehmen.

3 Im gleichen Topf auf kleiner Flamme die Zwiebel und den Sellerie andünsten. Knoblauch und Pinienkerne hinzufügen und einige Minuten schmoren lassen.

4 Tomatenpüree und Lorbeerblatt hineingeben. Salzen und pfeffern und die Sauce 10 bis 15 Minuten sanft kochen lassen.

5 Die Sultaninen und die Kapern abtropfen lassen. Zusammen mit Oliven, Schwertfischstücken und 1/2 Glas warmes Wasser in den Topf geben. Alles noch 10 Minuten auf kleiner Flamme schmoren lassen.

Dauert etwa 45 Minuten

50 g Sultaninen

1 mittelgroße Zwiebel

2 Knoblauchzehen

1 Stange Bleichsellerie

4 Schwertfischstücke (jeweils ca. 250 g)

100 g Mehl

Olivenöl extra vergine

50 g Pinienkerne

500 g pürierte Tomaten

1 Lorbeerblatt

Salz

Pfeffer aus der Mühle (oder 1 getrockneter Peperone)

50 g Kapern

150 g kleine grüne oder schwarze Oliven

Dentice con olive alla pugliese

Zahnbrasse mit Oliven aus Apulien

- 1 küchenfertige Zahnbrasse (ca. 1 kg)
- Salz
- 1 Stück scharfer Peperone (oder Pfeffer aus der Mühle)
- 4 EL Petersilie, fein gehackt
- 1 Knoblauchzehe
- ca. 100 g Mehl
- Olivenöl extra vergine
- 3–4 EL guter Weinessig
- 1 Spritzer Zitronensaft
- 250 g schwarze Oliven

1 Den Fisch innen mit wenig Salz, Peperone, 1 Esslöffel Petersilie und dem abgezogenen und halbierten Knoblauch würzen.

2 Den Ofen auf 200 °C vorheizen. Von außen salzen und pfeffern, im Mehl wenden und in heißem Olivenöl goldbraun anbraten.

3 Eine feuerfeste Form leicht einölen. Den Fisch an mehreren Stellen vorsichtig einschneiden, in die Form legen, mit 1 Esslöffel Petersilie bestreuen und mit wenig Essig und Zitronensaft beträufeln.

4 Im vorgeheizten Ofen (Umluft 180 °C, Gas Stufe 3 bis 4) gut 20 Minuten braten, dabei häufiger mit etwas Fond und Essig beträufeln.

5 Nach der Hälfte der Garzeit die Oliven hinzufügen. Zum Schluss mit der restlichen Petersilie bestreuen.

Dauert etwa 50 Minuten

Nasello al forno con acciugata

Merlan mit Sardellensauce

1 Die Fische schuppen, ausnehmen, sorgfältig waschen und abtrocknen. Von innen salzen und in jeden Merlan einen Rosmarinzweig stecken.

2 Den Ofen auf 200 °C vorheizen. Eine feuerfeste Form einölen und die Fische hineinlegen.

3 Die Sardellen zusammen mit einem Gläschen Öl und der abgezogenen, leicht zerdrückten Knoblauchzehe erhitzen und auf kleiner Flamme unter ständigem Rühren sanft kochen lassen, bis die Sardellen völlig zerfallen sind. Den Knoblauch herausnehmen.

4 In jeden Fisch ein wenig Sardellensauce geben und den Rest darüber verteilen. Mit den Semmelbröseln bestreuen und 20 Minuten im vorgeheizten Ofen (Umluft 180 °C, Gas Stufe 3 bis 4) garen. Heiß servieren.

Dauert etwa 45 Minuten

4 kleine Merlane

Salz

4 Zweiglein Rosmarin

Olivenöl extra vergine

8–10 Sardellenfilets

1 Knoblauchzehe

2 gehäufte EL Semmelbrösel

Pagello con olive e patate
Meerbrasse mit Oliven und Kartoffeln

1 Meerbrasse (ca. 1 kg)
450 g Kartoffeln
Salz
3 EL Petersilie, fein gehackt
1 EL Thymian, fein gehackt
1 Knoblauchzehe, abgezogen und gepresst
Pfeffer aus der Mühle
Mehl
Olivenöl extra vergine
1 Glas trockener Weißwein
30 g Butter
1/2 l heiße Fischbrühe (oder Fischfond aus dem Glas)
150 g entkernte kleine schwarze Oliven
1 Schuss Zitronensaft

Dauert etwa 1 Stunde

1 Den Fisch schuppen, ausnehmen, waschen und abtrocknen. Den Ofen auf 200 °C vorheizen. Kartoffeln schälen, waschen und in nicht zu dünne Scheiben schneiden. Die Scheiben kurz in kochendem Wasser blanchieren, abgießen und mit kaltem Wasser abschrecken.

2 Die Meerbrasse innen salzen. Etwas Petersilie und Thymian sowie den Knoblauch hineingeben und von außen pfeffern. In Mehl wälzen und in Öl von beiden Seiten goldbraun braten.

3 Eine Form einölen. Kartoffeln einschichten und leicht salzen. Den Fisch darauflegen und an einigen Stellen ganz leicht einschneiden, so gart er gleichmäßig. Mit Petersilie und Thymian bestreuen und Wein beträufeln. Im Ofen (Umluft 180 °C, Gas Stufe 3 bis 4) ca. 25 Minuten garen. Hin und wieder mit Öl beträufeln.

4 Butter zerlassen und 30 Gramm Mehl einrühren. Unter ständigem Rühren die Brühe zugießen. Einige Minuten sanft kochen lassen, damit die Sauce eindickt. Oliven sowie Thymian und Zitronensaft hinzufügen. Die Sauce im Wasserbad warmhalten.

5 Den Fisch mit den Kartoffeln anrichten und die Sauce getrennt dazu servieren.

Triglie al cartoccio
Meerbarben in der Folie

1 Falls nötig, die Meerbarben schuppen, ausnehmen, waschen und mit Küchenkrepp trockentupfen. Innen vorsichtig salzen und pfeffern und mit etwas Thymian und Petersilie würzen.

2 Für jeden Fisch ein entsprechend großes Stück Alufolie vorbereiten und leicht mit Olivenöl bestreichen. Den Ofen auf 250 °C vorheizen.

3 Die Fische in die Mitte der Folien legen. Leicht salzen und pfeffern, mit etwas Thymian und Petersilie bestreuen und die restlichen Zutaten gleichmäßig auf die Meerbarben verteilen.

4 Die Folien gut verschließen. Die Fische im vorgeheizten Ofen (Umluft 230 °C, Gas Stufe 6) 20 Minuten garen und in der Folie servieren.

Dauert etwa 40 Minuten

4 Meerbarben (jeweils ca. 250 g)

Salz

Pfeffer aus der Mühle

Thymian, fein gehackt

Petersilie, fein gehackt

Olivenöl extra vergine

100 g schwarze Oliven

1 Glas trockener Weißwein (oder Sekt)

2 Knoblauchzehen, fein gehackt

evtl. 4 Stückchen unbehandelte Zitronenschale

50 g Kapern

Buridda di pesce alla ligure
Fischtopf aus Ligurien

1 kg gemischter Fisch
30 g getrocknete Steinpilze
1 Zwiebel
1 Knoblauchzehe
1 Möhre
1 Stange Bleichsellerie
5 Sardellenfilets
50 g Pinienkerne (oder 4–5 Walnusskerne)
Olivenöl extra vergine
1 Glas trockener Weißwein
600 g geschälte reife Tomaten (oder Dosentomaten)
30 g Mehl
1 EL Petersilie, fein gehackt
Salz
evtl. Pfeffer aus der Mühle (oder Cayennepfeffer)
250 g altbackenes Weißbrot

1 Falls nötig, den Fisch küchenfertig vorbereiten. Sorgfältig waschen und mit Küchenkrepp abtrocknen. Die Pilze in 1/2 Glas warmem Wasser einweichen.

2 Zwiebel und Knoblauch abziehen, Möhre und Sellerie putzen und alles klein schneiden. Sardellenfilets, Pinienkerne, Knoblauch und die eingeweichten Pilze im Mixer pürieren.

3 Zwiebel, Möhre und Bleichsellerie in 3 Esslöffel Olivenöl in einem Topf andünsten. Nach einigen Minuten die pürierten Zutaten hinzufügen, umrühren und 1 Minute mitdünsten lassen.

4 Den Fisch hinzugeben, umrühren und einige Minuten schmoren lassen. Den Wein zugießen und einkochen lassen. Die Tomaten klein schneiden.

5 Den Fisch mit dem Mehl bestäuben, Tomaten, Petersilie, Salz, nach Belieben auch Pfeffer und 1/2 Glas Wasser hinzufügen. Auf kleiner Flamme alles 20 bis 30 Minuten sanft kochen lassen.

6 Inzwischen das Weißbrot in Würfel schneiden, mit Olivenöl beträufeln und einige Minuten im Ofen rösten. Den Fisch zusammen mit dem gerösteten Brot servieren.

Dauert etwa 1 Stunde

Tipp Dieses Gericht sollten Sie mit mindestens zwei bis drei verschiedenen Fischsorten zubereiten, die festes Fleisch haben – Schwertfisch, Thunfisch, Seeteufel, Seelachs oder Hecht. Nach Möglichkeit lassen Sie den Fisch gleich vom Händler putzen und entgräten. Allerdings empfiehlt es sich, die Haut nicht abzuziehen, weil das Fleisch dann nicht so leicht auseinander fällt.

Cassola sarda di pesce
Fischtopf aus Sardinien

1 1/4 kg gemischter küchenfertiger Fisch (z. B. Petersfisch, Merlan, Seehecht, Brasse, Meeraal, Roter Knurrhahn, kleine Tintenfische)

1 Zwiebel

2 Knoblauchzehen

200–250 g getrocknete Tomaten

1 scharfer Peperone

Olivenöl extra vergine

1 Glas trockener Weißwein

1 1/2 l Fischbrühe (oder warmes Wasser)

Salz

250 g altbackenes Weißbrot, in Scheiben geschnitten

2 EL Petersilie, fein gehackt

1 Die Fische in nicht zu kleine Stücke schneiden und sorgfältig waschen. Die verschiedenen Sorten voneinander getrennt halten.

2 Die Zwiebel und 1 Knoblauchzehe abziehen und fein hacken. Die getrockneten Tomaten in Stücke schneiden.

3 Zwiebel, Knoblauch, Tomaten und Peperone in einem Topf einige Minuten in 3 Esslöffel Öl andünsten. Den Wein zugießen und einkochen lassen. Den Peperone herausnehmen.

4 Zuerst Kraken und Tintenfische in den Topf geben und einige Minuten schmoren. Mit der Fischbrühe aufgießen und 15 Minuten sanft kochen lassen.

5 Nach und nach die Fische hinzufügen, zuerst diejenigen mit dem festesten Fleisch.

6 Die Suppe salzen und auf kleiner Flamme noch 40 bis 45 Minuten sanft kochen lassen. Darauf achten, dass der Fisch nicht zerfällt. Bei Bedarf etwas Flüssigkeit ergänzen.

7 Inzwischen die Weißbrotscheiben mit Öl beträufeln und mit der zweiten geschälten Knoblauchzehe einreiben. Einige Minuten im Ofen rösten.

8 Den fertigen Fischtopf mit Petersilie bestreuen und das geröstete Weißbrot extra servieren.

Dauert gut 1 Stunde

Zur Abwechslung In manchen Gegenden Sardiniens bereitet man den Fischtopf auch mit gehäuteten und entkernten frischen Tomaten zu.

Baccalà alla vicentina
Stockfisch aus Vicenza

ca. 1 kg fertig gewässerter Stockfisch, möglichst am Stück
400 g Zwiebeln, abgezogen
2 Knoblauchzehen, abgezogen
1 Glas Olivenöl extra vergine
8 Sardellenfilets
Salz
Pfeffer aus der Mühle
gut 100 g Mehl
4 EL Parmesan, frisch gerieben
1 EL Petersilie, fein gehackt

1 Den Fisch waschen, trockentupfen und Rückengräte, Flossen und Knorpel entfernen. Zwiebeln und Knoblauch fein hacken. Zwiebeln in 1/2 Glas Öl glasig dünsten. Nach einigen Minuten Knoblauch und Sardellen hinzugeben.

2 Auf kleiner Flamme schmoren lassen, bis sich die Sardellenfilets aufgelöst haben und die Zwiebeln völlig zusammengefallen sind. Das überschüssige Öl abgießen und zurückstellen. Den Fisch in zwei gleich große Stücke teilen. Jedes Stück leicht salzen und pfeffern und die Zwiebelmischung gleichmäßig darüber verteilen.

3 Mit Mehl bestäuben, etwas Parmesan und Petersilie darüberstreuen. Die beiden Fischstücke übereinanderlegen und mit einem Faden zusammenbinden. Den Fisch in 5 Zentimeter breite Stücke teilen und in Mehl wenden.

4 Die Stücke in eine Kasserolle legen und mit dem Öl aus der Pfanne begießen. Das restliche Olivenöl und die Milch darüber gießen, leicht salzen und auf kleinster Flamme etwa 90 Minuten schmoren. Den Ofen auf 180 °C vorheizen.

5 Den Stockfisch mit dem restlichen Parmesan bestreuen und 30 Minuten bei 180 °C (Umluft 160 °C, Gas Stufe 2 bis 3) im Ofen garen.

Dauert etwa 2 Stunden 30 Minuten

Stoccafisso alla lombarda
Stockfisch aus der Lombardei

1 Den Fisch waschen, trockentupfen. Rückengräte, Flossen und Knorpel entfernen. Den Fisch in Stücke schneiden.

2 Die Zwiebel abziehen, Porree und Sellerie putzen und alles klein hacken. Die Butter schmelzen und leicht anbräunen. Öl zufügen, das gehackte Gemüse hineingeben und andünsten. Die Fischstücke in den Topf geben und einige Minuten auf kleiner Flamme schmoren lassen.

3 Paprikaschoten putzen, waschen und klein schneiden. Tomaten mit kochendem Wasser überbrühen, häuten, entkernen und klein schneiden.

4 Paprika und Thymian in den Topf geben. Wein über den Fisch gießen und völlig einkochen lassen. 2 Schöpflöffel heißes Wasser aufgießen, Tomaten und Petersilie zufügen, salzen und den Fisch mindestens 3 Stunden sanft kochen lassen. Falls nötig, ab und zu heißes Wasser zufügen.

5 Kartoffeln schälen, in Scheiben schneiden, waschen und in kochendem Salzwasser fast vollständig garen. Gegen Ende der Kochzeit Kartoffeln und Bohnen zum Fisch geben und einige Minuten mitgaren. Den Fischtopf heiß servieren.

1 kg fertig gewässerter Stockfisch

1 Zwiebel

2 Stangen Porree

2 Stangen Bleichsellerie

30 g Butter

2 EL Olivenöl extra vergine

2 Paprikaschoten

300 g reife Tomaten

etwas frischer Thymian, fein gehackt

1 Glas Weißwein

1 EL Petersilie, fein gehackt

Salz

400 g Kartoffeln

200 g vorgegarte Borlotti-Bohnen (oder aus der Dose)

Dauert etwa 3 Stunden 30 Minuten

Seppie con porcini Tintenfische mit Steinpilzen

800 g küchenfertige Seppie (kleine Tintenfische)
Salz
1–2 Lorbeerblätter
300 g Steinpilze
2 Knoblauchzehen
1 Bund Petersilie
Olivenöl extra vergine
Oregano, fein gehackt
evtl. Pfeffer aus der Mühle

Tipps

- **Für dieses Rezept sollten Sie möglichst nicht die großen Calamari, sondern die kleineren Seppie verwenden.**
- **Dieses Gericht eignet sich auch als warme Vorspeise.**

1 Die Tintenfische waschen und in leicht gesalzenem siedendem Wasser zusammen mit dem Lorbeer in etwa 20 Minuten garen, anschließend herausnehmen und gut abtropfen lassen. Leicht abkühlen lassen und mit Küchenkrepp trockentupfen.

2 Die Steinpilze waschen, putzen und in dünne Scheiben schneiden. Die Knoblauchzehen abziehen, die Petersilienblättchen abzupfen und waschen und beides fein hacken.

3 In einer Pfanne 2 bis 3 Esslöffel Olivenöl erhitzen. Den Knoblauch ganz kurz darin andünsten. Die Steinpilzscheiben hinzugeben und kurz sautieren. Etwas Oregano darüber streuen, salzen und nach Belieben auch pfeffern.

4 Die Seppie und die gehackte Petersilie hinzufügen, vorsichtig durchrühren und alles noch einige Minuten auf mittlerer Flamme schmoren lassen.

Dauert etwa 40 Minuten

Calamari in bianco
Tintenfische in Weinsauce

1 kg Tintenfische (Calamari oder Totani)
2 Knoblauchzehen
4 Sardellenfilets
Olivenöl extra vergine
50 g Kapern
Petersilie, fein gehackt
1 Glas Weißwein
Salz
1 Lorbeerblatt
200 g grüne Oliven
1 Stück scharfer Peperone

1 Augen und Tintensäcke der Calamari entfernen. Die Tintenfische gründlich waschen. Die Fangarme vom Rumpf trennen und alles in grobe Stücke schneiden.

2 Knoblauch abziehen und fein hacken. Mit den Sardellen in etwas Öl dünsten. Kapern, Tintenfische und etwas Petersilie hinzufügen und gut durchmischen. Den Wein zugießen und einkochen lassen.

3 1/2 Liter Wasser, etwas Salz, Lorbeerblatt, Oliven und Peperone hinzufügen. Die Calamari zugedeckt bei mittlerer Hitze in etwa 40 Minuten weich sanft kochen, mit einem Zahnstocher die Garprobe machen. Zwischendurch ein wenig heißes Wasser hinzufügen, falls nötig.

4 Lorbeerblatt und Peperone aus der Sauce entfernen. Etwas Petersilie darüber streuen und sofort servieren.

Dauert etwa 1 Stunde 30 Minuten

Calamari alla griglia
Gegrillte Tintenfische

1200 g Tintenfische
Saft von 1 1/2 Zitronen
1/2 Glas Olivenöl extra vergine
einige Salbeiblättchen
1 Lorbeerblatt
Salz
Petersilie, fein gehackt
2 Zitronen, in Scheiben geschnitten

Tipp **Die Fangarme der Tintenfische können Sie z. B. für ein Risotto oder eine Spaghettisauce verwenden.**

1 Tintenfische von Augen und Tintensäcken befreien und waschen. Fangarme abtrennen und anderweitig verwenden. Tintenfische mit Zitronensaft und Öl übergießen, Salbei und Lorbeer hinzufügen. Mindestens 20 Minuten an einem kühlen Ort ziehen lassen.

2 Den Tintenfisch aus der Marinade nehmen, bei mäßiger Hitze von beiden Seiten grillen und zwischendurch immer wieder mit der Marinade bestreichen. Nach 20 bis 30 Minuten mit einem Zahnstocher die Garprobe machen. Die weichen Calamari salzen, mit Petersilie bestreuen und mit den Zitronenscheiben garnieren.

Dauert etwa 1 Stunde 20 Minuten

Zur Abwechslung Für Calamari ripieni alla ligure (**Gefüllte Tintenfische aus Ligurien**) 200 Gramm altbackenes Brot in 1/2 Glas Milch einweichen, ausdrücken und mit 2 Knoblauchzehen, 1 Bund Petersilie, etwas Majoran, 4 Sardellenfilets und den Fangarmen der geputzten Tintenfische klein hacken. 2 Eier, etwas Olivenöl, Salz, Pfeffer und Muskat sowie 1 Glas Weißwein darunter mischen und die Tintenfischrümpfe mit der Masse füllen. Öffnungen mit Zahnstochern verschließen und die gefüllten Calamari wie im Rezept beschrieben marinieren und grillen.

Seppie con piselli
Tintenfische mit Erbsen

1200 g Tintenfische
2 Knoblauchzehen
4 Sardellenfilets
Olivenöl extra vergine
Salz
Pfeffer aus der Mühle
frisch geriebene Muskatnuss
1 Glas trockener Weißwein
250 g pürierte Tomaten
400 g kleine grüne Erbsen
Petersilie, fein gehackt

1 Die Tintenfische von Augen und Tintensäcken befreien, gut waschen, trockentupfen und in Streifen schneiden.

2 Den Knoblauch abziehen und fein hacken. Knoblauch und Sardellen in einem Topf in etwas Öl andünsten, bis die Sardellen zerfallen.

3 Die Tintenfischstreifen hinzufügen, salzen, pfeffern und mit etwas Muskat würzen. Gut umrühren und einige Minuten schmoren lassen. Den Wein angießen und einkochen lassen. Das Tomatenpüree und 1 Schöpflöffel heißes Wasser hinzufügen und auf kleiner Flamme zugedeckt etwa 15 Minuten sanft kochen.

4 Die Erbsen und einen weiteren Schöpflöffel Wasser hinzufügen. Noch etwa 30 Minuten weiterschmoren lassen, bis die Tintenfische weich sind.

5 Zum Schluss reichlich Petersilie unterrühren und erneut abschmecken.

Dauert etwa 1 Stunde 30 Minuten

Seppie in zimino
Tintenfische mit Mangold und Pilzen aus Ligurien

1200 g kleine Tintenfische
30 g getrocknete Steinpilze
700 g Mangold
1 Zwiebel
1 Knoblauchzehe
1 Stange Bleichsellerie
1 Bund Petersilie
50 g Pinienkerne
Olivenöl extra vergine
350 g pürierte Tomaten
Salz
evtl. Pfeffer aus der Mühle
1 EL Mehl

1 Die Tintenfische von Augen und Tintensäcken befreien, gut waschen und in Streifen schneiden. Die Pilze in einer Tasse warmem Wasser einweichen.

2 Den Mangold waschen und die Stiele von den Blättern trennen. Stiele und Blätter jeweils in Streifen schneiden. Die Pilze abgießen und das Einweichwasser auffangen.

3 Zwiebel und Knoblauch abziehen, den Sellerie putzen und die Petersilienblättchen abzupfen.

4 Zwiebel, Knoblauch, Sellerie, Petersilie, Pinienkerne und die eingeweichten Pilze kleinhacken. Alles miteinander in einem Topf in etwas Öl dünsten, den Knoblauch etwas später hinzufügen. Einige Minuten schmoren lassen und darauf achten, dass der Knoblauch nicht anbrennt.

5 Tintenfischstreifen, Tomatenpüree, etwas Salz, nach Belieben auch Pfeffer und ein wenig heißes Wasser hinzufügen.

6 Das Mehl im Einweichwasser auflösen und unterrühren. Die Tintenfische auf kleiner Flamme zugedeckt etwa 25 Minuten garen. Zwischendurch umrühren und gegebenenfalls noch etwas Wasser oder Tomatensauce hinzufügen. Die Mangoldstängel hinzugeben und 10 Minuten mitgaren lassen.

7 Die Mangoldblätter hinzufügen und alles noch einmal 5 Minuten sanft kochen lassen. Erneut abschmecken und heiß servieren.

Dauert etwa 1 Stunde 10 Minuten

Tipp Sie können für dieses Gericht entweder nur die Mangoldblätter oder nur die Stiele oder auch beides zusammen verwenden. Es ist jedoch wichtig, Blätter und Stiele getrennt zu halten, weil sie unterschiedliche Garzeiten haben.

Gamberoni con olive e capperi

Krebsschwänze mit Oliven und Kapern

800 Krebsschwänze in der Schale
1/2 Glas Olivenöl extra vergine
4 Knoblauchzehen
1 EL Kapern
1 Handvoll kleine schwarze Oliven
1 Glas Weißwein
evtl. 1 Schuss Cognac
Salz
Pfeffer aus der Mühle

1 Die Schalen der Krebsschwänze vorsichtig mit einem stabilen Messer öffnen.

2 In einer Pfanne das Olivenöl leicht erhitzen. Die Knoblauchzehen abziehen, leicht zerdrücken und im Öl kurz durchziehen lassen. Wieder herausnehmen.

3 Die Krebsschwänze mit der Schale nach unten in die Pfanne setzen. Die Kapern und Oliven hinzugeben und einige Minuten auf großer Flamme sautieren. Den Weißwein zugießen, nach Belieben auch den Cognac. Mit Salz und Pfeffer würzen.

4 Die Krebsschwänze zugedeckt auf mittlerer Flamme einige Minuten schmoren. Vom Feuer nehmen und vor dem Servieren noch kurz durchziehen lassen.

Dauert etwa 20 Minuten

Tipp Sie können dieses Gericht auch gut mit Scampi oder Krabben zubereiten.

Scampi con salsa di rucola
Scampi mit Rucolasauce

1 Die Scampi gut waschen. Mit einer Schere die Schalen seitlich aufschneiden und den Körper aus der Schale ziehen. Den Darm (brauner Faden) entfernen.

2 Die Butter erhitzen und die Scampi einige Minuten darin sautieren. Salzen, pfeffern und warm stellen.

3 Die Schalotten abziehen und fein hacken. Zusammen mit den restlichen Zutaten für die Sauce sorgfältig vermengen und mit Salz und Pfeffer abschmecken. Die Salatblätter auf Portionsteller verteilen und jeweils etwas Sauce in die Mitte geben.

4 Die Scampi darauf legen und jeweils mit etwas Zitronensaft beträufeln.

Dauert etwa 30 Minuten

Tipp Sie können die Sauce auch im Mixer zubereiten, dann verliert sie jedoch an Farbe.

800 g Scampi (oder mehr)

40 g Butter

Salz

Pfeffer aus der Mühle

Für die Sauce

1 Becher Naturjoghurt

100 g Mayonnaise, möglichst frisch zubereitet

100 g Rucolablättchen, sehr fein gehackt

2 Schalotten (oder 1 kleine Zwiebel)

Salz

Pfeffer aus der Mühle

Zum Anrichten

frischer Blattsalat (z. B. Lollo, Frisée, Eichblattsalat)

Saft von 1/2 Zitrone

Cozze alla pugliese
Miesmuscheln aus Apulien

1200 g Miesmuscheln
Salz
3 Knoblauchzehen
150–200 g Semmelbrösel
reichlich Petersilie, fein gehackt
fein zermahlener getrockneter Peperone (oder Cayennepfeffer)
Olivenöl extra vergine

Tipp **Falls die Muscheln keine Flüssigkeit enthalten, geben Sie etwas mehr Öl und außerdem etwas Salz zur Füllung.**

1 Die Muscheln wie im nachfolgenden Rezept beschrieben vorbereiten. Jeweils denjenigen Teil der Schale entfernen, an dem die Muschel nicht haftet.

2 Die Flüssigkeit aus dem Inneren der Muscheln in einer Schüssel auffangen. Knoblauch abziehen und fein hacken. Semmelbrösel, Knoblauch, Petersilie, Peperone und so viel Öl vermischen, dass sich ein geschmeidiger Brei ergibt.

3 Die Muscheln nebeneinander in eine feuerfeste Form legen und auf jede Muschel etwas Füllung geben. Etwa 10 Minuten im Ofen unter dem Grill überbacken.

Dauert etwa 40 Minuten

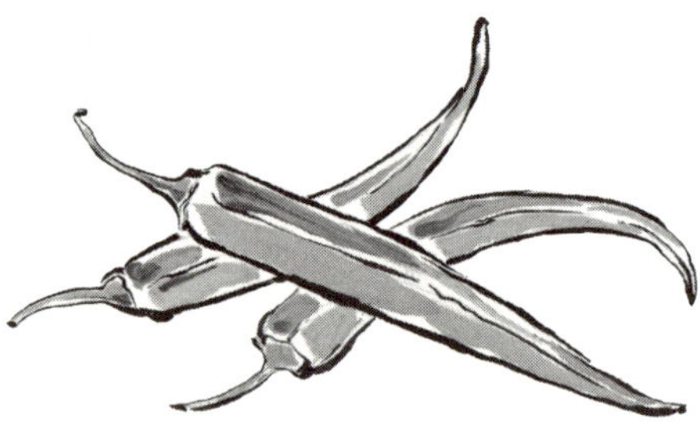

Cozze piccanti
Muscheln in pikantem Sud

1 Die Muscheln mit einem Messer säubern und den Bart abtrennen. Sorgfältig waschen, bis das Wasser sauber bleibt. Mindestens 10 Minuten in Salzwasser legen, alle geöffneten oder beschädigten Exemplare fortwerfen.

2 In einem großen Topf das Olivenöl erhitzen. Den Knoblauch abziehen, fein hacken und im Öl leicht andünsten. Gewürznelken, Lorbeer, Thymian und Peperone hinzufügen, mit Salz abschmecken. Die Zwiebel abziehen. Zwiebel und Zitrone in Scheiben schneiden und mit Essig, Marsala und etwas Wasser in den Topf geben.

3 Den Sud erhitzen und etwa 5 Minuten sanft kochen lassen. Den Peperone herausnehmen.

4 Die Muscheln in den Topf geben und zudecken. Auf kleiner Flamme garen und zwischendurch aufschütteln.

5 Sobald die Muscheln sich geöffnet haben, den Topf vom Feuer nehmen und den Oregano über die Muscheln streuen. Vor dem Servieren nach Belieben noch Petersilienblätter darüber geben. Lauwarm servieren.

Dauert etwa 30 Minuten

2 kg Miesmuscheln

Salz

4 EL Olivenöl extra vergine

4–8 Knoblauchzehen

2 Gewürznelken

1 Lorbeerblatt

2 Zweige Thymian

1 frischer (oder getrockneter) scharfer Peperone

1 Zwiebel

1/2 Zitrone

1 EL Balsamessig

1 Glas trockener Marsala (oder Weißwein)

1 Prise Oregano

evtl. Petersilienblättchen zum Bestreuen

Cozze gratinate
Überbackene Muscheln

1 1/2 kg Miesmuscheln
Salz
1/2 Glas trockener Weißwein
Olivenöl extra vergine
2 Knoblauchzehen
Petersilie, fein gehackt
200 g Semmelbrösel
1 EL Majoran, fein gehackt

1 Die Muscheln mit einem Messer säubern und den Bart abtrennen. Sorgfältig waschen, bis das Wasser sauber bleibt. Mindestens 10 Minuten in Salzwasser legen, alle geöffneten oder beschädigten Exemplare fortwerfen.

2 Die Muscheln zusammen mit dem Wein und 1 Esslöffel Öl in einen großen Topf geben. Zudecken und auf mittlerer Stufe sanft kochen, bis alle Muscheln sich geöffnet haben.

3 Jeweils diejenige Schale ablösen, an der die Muschel nicht befestigt ist. Die Muscheln nebeneinander in eine leicht eingeölte Form legen.

4 Den Knoblauch abziehen, fein hacken und in einer Schüssel mit etwas Petersilie, den Semmelbröseln und dem Majoran vermischen. 2 Esslöffel Öl und 2 bis 3 Esslöffel abgeseihten Muschelsud hinzugeben.

5 Die Mischung auf die Muscheln verteilen. Die Muscheln 10 Minuten im Ofen unter dem Grill überbacken.

Dauert etwa 50 bis 60 Minuten

Cozze dorate
Frittierte Muscheln

1 1/2 kg möglichst große Miesmuscheln

Salz

1/2 Glas Wein

1 EL Olivenöl extra vergine

3 Eier

Salz

Semmelbrösel zum Panieren

Öl zum Ausbacken

Zitronenscheiben zum Garnieren

1 Die Muscheln mit einem Messer säubern und den Bart abtrennen. Sorgfältig waschen, bis das Wasser sauber bleibt. Mindestens 10 Minuten in Salzwasser legen, alle geöffneten oder beschädigten Exemplare fortwerfen.

2 Die Muscheln in einem großen Topf aufsetzen, Wein und Olivenöl zugießen. Zudecken und auf mittlerer Flamme garen, bis alle Muscheln sich geöffnet haben. Aus den Schalen lösen und in eine Schüssel geben.

3 Die Eier mit etwas Salz verquirlen. Die Muscheln hineintauchen und anschließend in den Semmelbröseln wenden.

4 Die Muscheln portionsweise in reichlich heißem Öl frittieren, abtropfen lassen und mit Zitronenscheiben servieren.

Dauert etwa 1 Stunde

Tipp Sie können die ausgelösten Muscheln zum Frittieren auch auf Spießchen stecken.

Polpettine di formaggio al

Brôss d'Aosta

Crespelle ai funghi

Fonduta

Frittata alla barcarola

Mozzarella in carrozza

Tortino di gorgonzola, mascarpone e noci

Crespelle ai fagiolini

Frittata con

mandorle

Uova, frittate, formaggi

Kleine Eier- und Käsegerichte

In diesem Kapitel finden Sie leckere Kleinigkeiten auf der Basis von Eiern oder Käse, wie z. B. Käsebällchen mit Mandeln, Bohnencrêpes, Frittata oder ausgebackenen Mozzarella. Sie eignen sich als Antipasti, warm oder kalt auf einem Büffet und sind sehr beliebt bei kleinem Hunger.

Wenn nicht anders angegeben, sind alle Rezepte für 4 Portionen berechnet.

menta e prezzemolo

Brôss d'Aosta
Pikanter Fontina

300 g Fontina (italienischer Hartkäse)

weißer Pfeffer aus der Mühle

Grappa

1 Den Käse entrinden, in feine Scheiben und dann in dünne Streifen schneiden. In einen kleinen Steinguttopf füllen und jede Schicht mit Pfeffer bestreuen.

2 So viel Grappa angießen, dass der Käse gut bedeckt ist. Zudecken und mindestens 3 Tage ziehen lassen.

3 Die Fontona-Grappa-Mischung gut verrühren und servieren.

Dauert 15 Minuten (ohne Marinierzeit)

In Varianten – jeweils mit dem örtlichen Käse zubereitet – kennt man den Brôss (oder auch Bruss) in vielen Regionen Italiens. Im Piemont bereitet man ihn aus Robiola, aber auch aus Ricotta und Gorgonzola oder aus mit Pfefferschote und Knoblauch scharf gewürztem Toma zu. Er wird mit frischem Weißbrot und Weißwein zum Aperitif oder mit Rotwein zum Nachtisch serviert.

Tortino di gorgonzola, mascarpone e noci

Gorgonzola und Mascarpone mit Walnüssen

300 g weicher Gorgonzola

300 g Mascarpone

150 g Walnusskerne

1 Eine kleine längliche Kuchenform rundum mit Alufolie auslegen. Den Gorgonzola cremig rühren und dritteln. Den Mascarpone ebenfalls in 3 Portionen aufteilen.

2 Die erste Schicht Gorgonzola auf dem Boden der Form verteilen und gut festdrücken, mit Nüssen bestreuen und eine Portion Mascarpone darüber streichen.

3 In dieser Reihenfolge fortfahren, bis die Zutaten aufgebraucht sind. Zuoberst kommt eine Schicht glatt verstrichener Mascarpone, mit Nüssen garniert.

4 Die Form für mindestens 2 Stunden kalt stellen. Den Käse aus der Form heben und die Alufolie entfernen.

Dauert etwa 20 Minuten

Tipp Dieses Käsegericht können Sie entweder zum Nachtisch oder auf einem kalten Büfett servieren.

Fonduta
Fontina-Fondue

600 g Fontina
2 1/2 Tassen Milch
50 g Butter
6 Eigelb
Salz
weißer Pfeffer aus der Mühle
evtl. etwas Stärkemehl
evtl. 1-2 Trüffeln (oder Zuchtchampignons in Scheiben)

Tipps

- Dazu können Sie warme, in Butter angeröstete Weißbrotecken servieren.
- Nach Belieben können Sie auch frisches Gemüse zum Eintauchen vorbereiten.
- Die Fonduta eignet sich auch hervorragend als Sauce zu Pasta, Blumenkohl oder zum Überbacken von Gemüse.

1 Den Käse entrinden, fein würfeln und mehrere Stunden, am besten über Nacht, in der Milch einlegen.

2 Butter und Käse mit der Milch unter ständigem Rühren mit einem Holzlöffel in einem Topf zu einer glatten Creme verschmelzen.

3 Nacheinander die Eigelbe hinzugeben und kräftig durchrühren, bis die Masse wieder gut vermischt ist. Nicht mehr kochen lassen, da sonst die Eier gerinnen.

4 Vorsichtig salzen und pfeffern. Sollte die Fonduta zu dünn geraten, ein wenig Stärkemehl hinzufügen.

5 Die Fonduta in vorgewärmte Schalen füllen und nach Belieben Trüffeln darüber raspeln.

Dauert etwa 20 Minuten (ohne Einweichzeit)

Die Fonduta ist ein typisches Gericht aus dem Piemont, das ursprünglich aus dem Aostatal kommt. Sie wird meist in Portionsschälchen serviert. Wird die Fonduta als Käsefondue serviert, sollte man sie auf ein Stövchen stellen, da sie nicht kochen darf.

Mozzarella in carrozza
Ausgebackener Mozzarella

1 Das Brot entrinden. Den Mozzarella in 4 Scheiben teilen, sodass die Brotscheiben etwas größer als die Käsescheiben sind.

2 Zwischen je 2 Brotscheiben eine Scheibe Mozzarella legen und die Sandwichs von beiden Seiten mit der Milch beträufeln.

3 Die Eier in einem tiefen Teller mit Salz und Pfeffer verquirlen. Einen zweiten Teller mit Semmelbröseln bestreuen.

4 Die Sandwichs gut zusammenpressen, durch das verquirlte Ei ziehen, in den Semmelbröseln wälzen und in reichlich heißem Öl goldgelb ausbacken.

Dauert etwa 20 Minuten

Dieses Gericht aus Neapel wird dort zwar als Vorspeise serviert, aber es ist sehr sättigend und kann deshalb zusammen mit einem gemischten Salat sehr wohl eine sommerliche Hauptmahlzeit bilden.

8 Scheiben altbackenes Weißbrot

300 g Mozzarella

1 Gläschen Milch

2 Eier

Salz

Pfeffer aus der Mühle

Semmelbrösel

Öl zum Ausbacken

Polpettine di formaggio alle mandorle

Käsebällchen mit Mandeln

4 EL Mehl

250 g Parmesan, frisch gerieben

weißer Pfeffer aus der Mühle

2 Eiweiß

150 g Mandeln, fein gehackt

Öl zum Ausbacken

1 Das Mehl durchsieben und mit Parmesan und Pfeffer vermischen. Die Eiweiße steif schlagen und vorsichtig unter die Mischung ziehen.

2 Bällchen aus der Masse formen und in den Mandeln wälzen. Reichlich Öl in einer Fritteuse oder Pfanne erhitzen, aber nicht zu heiß werden lassen, weil sonst die Mandeln braun werden, bevor das Innere gar ist.

3 Die Käsebällchen portionsweise im Öl ausbacken und auf Küchenkrepp abtropfen lassen.

Dauert etwa 20 Minuten

Frittata alla barcarola
Eierkuchen aus Ligurien

- 5 Eier
- 2 Knoblauchzehen
- 1 Bund Petersilie
- 1 Bund Basilikum
- 6 Sardellenfilets (oder 100 g Krabben)
- 1 große, reife Tomate
- Olivenöl extra vergine
- Salz
- Pfeffer aus der Mühle

1 Die Eier in einer Schüssel verquirlen. Die Knoblauchzehen abziehen und fein hacken. Petersilien- und Basilikumblättchen abzupfen, waschen und ebenfalls fein hacken. Die Sardellenfilets grob hacken. Die Tomate kurz mit kochendem Wasser überbrühen, abziehen und klein hacken, nach Belieben entkernen.

2 In einem Pfännchen 2 Esslöffel Olivenöl erhitzen und den Knoblauch hinein geben. Kurz darauf Petersilie, Basilikum und Sardellen zugeben und ein paar Minuten schmoren lassen.

3 Die Tomate hinzufügen, mit Salz und Pfeffer würzen und noch einmal gut 5 Minuten sanft kochen lassen. Die Mischung abkühlen lassen und mit den Eiern vermengen.

4 Etwas Öl erhitzen und die Eiermischung hineingießen. Auf kleiner Flamme stocken lassen und mit einem Spatel von Pfannenrand und -boden lösen, damit sie nicht ansetzt.

5 Sobald der Eierkuchen fast durchgegart ist, mit Hilfe eines Deckels oder Tellers wenden und nur ganz kurz fertig garen. Die Frittata sollte innen feucht und außen goldbraun sein.

Dauert etwa 30 Minuten

Tipp Sie können die Eimasse auch etwa 10 Minuten in einer flachen, leicht eingeölten Form im auf 200 °C (Umluft 180 °C, Gas Stufe 3 bis 4) vorgeheizten Backofen ohne Wenden garen. Die Oberfläche sollte aber leicht feucht bleiben. Ist die Frittata noch nicht ganz fest, lassen Sie sie noch kurz im ausgeschalteten Backofen ruhen.

Crespelle ai fagiolini
Bohnen-Crêpes

2 Eier
Salz
Pfeffer aus der Mühle
3 EL Mehl
1 Schuss Weißwein (oder Bier)
1 Glas Milch
100 g junge grüne Bohnen
1 Bund Petersilie (oder Schnittlauch)
einige Basilikumblätter
Butter zum Ausbacken
1 Zweig Majoran

1 In einer Schüssel die Eier verquirlen, salzen und pfeffern. Unter kräftigem Schlagen das Mehl hinzugeben, dann langsam den Wein und die Milch zufügen, bis sich ein glatter, flüssiger Teig ergibt. 1 Stunde kühl stellen.

2 Inzwischen die Bohnen waschen, putzen, klein schneiden und in wenig kochendes Salzwasser geben. Etwa 15 Minuten sieden lassen, bis sie gar, aber noch fest sind. Die Bohnen abgießen, abkühlen lassen und in eine Schüssel geben.

3 Die Petersilien- und Basilikumblätter abzupfen, waschen, abtrocknen, fein hacken und mit den Bohnenstückchen vermischen. Die Mischung unter den Teig rühren.

4 Ein Stückchen Butter in einer kleinen beschichteten Pfanne zerlassen. 1 kleinen Schöpflöffel Teig hineingeben und durch Drehen der Pfanne gleichmäßig verteilen.

5 Den Crêpe wenden, sobald sich auf der Oberfläche kleine Bläschen bilden, kurz von der anderen Seite fertig backen und warm stellen.

6 Mit den übrigen Crêpes so fortfahren, bis der Teig aufgebraucht ist. Die Crêpes mit Majoranblättchen bestreuen und servieren.

Dauert etwa 50 Minuten (ohne Ruhezeit)

Tipps

- **Crespelle, sehr dünn ausgebackene Pfannkuchen, findet man in vielen Regionen Italiens. Häufig werden sie gefüllt, eingerollt und im Ofen überbacken, ähnlich wie die aus Nudelteig zubereiteten Cannelloni. Daher können Sie Cannelloni-Füllungen sehr gut für Crespelle verwenden und umgekehrt.**
- **Mit einer relativ festen Fülle können Sie eine Crespelle-Rolle auch vorab in Happen schneiden, bevor Sie sie im Ofen gratinieren oder aufbacken.**

In Florenz bezeichnet man die Crespelle übrigens auch als Cannelloni, im südlichen Italien als Manicotti.

Crespelle ai funghi
Pilz-Crêpes

100 g Mehl
4 Eier
Salz
10 g getrocknete Steinpilze
1 mittelgroße Zwiebel
600 g Egerlinge (oder weiße Champignons)
Butter
1 EL Petersilie, fein gehackt
Pfeffer aus der Mühle
100 g Sahne (oder Crème fraîche)
150 g Gorgonzola

1 Mehl, Eier, 1 Prise Salz und etwa 6 Esslöffel Wasser mit dem Schneebesen zu einem Teig verrühren.

2 Die Steinpilze 10 Minuten in lauwarmem Wasser einweichen. Inzwischen die Zwiebel abziehen und fein hacken. Den Backofen auf 200 °C vorheizen.

3 Die Egerlinge putzen und sorgfältig mit Küchenkrepp abreiben. Eine Hand voll beiseite legen, den Rest grob hacken. Die Steinpilze abtropfen lassen, ebenfalls grob hacken und zu den gehackten Pilzen geben.

4 1 Esslöffel Butter in einer Pfanne erhitzen und die Zwiebel darin glasig dünsten. Die Petersilie hinzufügen, dünsten und die gehackten Pilze zugeben. Salzen und pfeffern.

5 Die Pilze schmoren, bis die Flüssigkeit völlig verkocht ist, dabei zwischendurch umrühren. Die Sahne zugießen, einige Minuten einkochen und anschließend abkühlen lassen.

6 In einer beschichteten Pfanne ein Stückchen Butter zerlassen. 1 kleinen Schöpflöffel Teig hineingeben und durch Drehen der Pfanne gleichmäßig verteilen.

7 Den Crêpe wenden, sobald sich auf der Oberfläche kleine Bläschen bilden, und kurz fertig backen. Auf gleiche Weise den gesamten Teig verarbeiten.

8 Die fertigen Crespelle auf eine Arbeitsfläche legen und die Pilzfarce darüber verteilen. Die Pfannküchlein einrollen und nebeneinander in eine ausgebutterte feuerfeste Form legen.

9 Die ganzen Egerlinge in Scheiben schneiden und darüber streuen. Den Gorgonzola gleichmäßig darüber verteilen und mit Butterflöckchen besetzen. Die Crespelle im vorgeheizten Ofen (Umluft 180 °C, Gas Stufe 3 bis 4) 15 bis 20 Minuten überbacken.

Dauert etwa 1 Stunde

Tipp **Nach Belieben können Sie noch etwas fein gehackten rohen oder gekochten Schinken unter die gehackten Pilze mischen.**

Frittata di asparagi
Eierkuchen mit Spargel

1 kg junger grüner Spargel

Salz

1 Bund Petersilie

5 Eier

2 EL pikanter Pecorino, frisch gerieben (ersatzweise Parmesan)

Pfeffer aus der Mühle

Olivenöl extra vergine

Tipp **Sie können die Eimasse auch etwa 10 Minuten in einer flachen, leicht eingeölten Form im auf 200 °C (Umluft 180 °C, Gas Stufe 3 bis 4) vorgeheizten Backofen ohne Wenden garen. Die Oberfläche sollte aber leicht feucht bleiben. Ist die Frittata noch nicht ganz fest, lassen Sie sie kurz im ausgeschalteten Backofen ruhen.**

1 Den Spargel waschen und die Enden großzügig abschneiden, lediglich nach Bedarf die unteren Hälften leicht abschälen.

2 Die Stangen in Stückchen schneiden und kurz in kochendem Salzwasser blanchieren. Anschließend gut abtropfen lassen.

3 Die Petersilienblättchen abzupfen, waschen und fein hacken. Die Eier verquirlen. Käse, Petersilie und Spargel untermischen, mit Salz und Pfeffer abschmecken.

4 Etwas Öl in einer kleinen Pfanne erhitzen und die Eiermischung hineingießen. Auf kleiner Flamme stocken lassen und mit einem Spatel zwischendurch von Pfannenrand und -boden lösen, damit sie nicht ansetzt.

5 Sobald der Eierkuchen zu 3/4 durchgegart ist, mit Hilfe eines gut passenden Deckels oder Tellers wenden und nur ganz kurz auf der anderen Seite fertig garen.

6 Die Frittata sollte innen feucht und außen goldbraun sein.

Dauert etwa 20 Minuten

Frittata con menta e prezzemolo

Eierkuchen mit Minze und Petersilie

1 Die Eier in einer Schüssel gut verquirlen. Die Petersilien- und Minzeblättchen abzupfen, waschen, trocken tupfen und klein hacken.

2 Semmelbrösel, Käse und die gehackten Kräuter unter das verquirlte Ei geben. Salzen, pfeffern und kurz ziehen lassen.

3 Etwas Öl in einer kleinen Pfanne erhitzen und die Eiermischung hineingießen. Auf kleiner Flamme stocken lassen und mit einem Spatel zwischendurch von Pfannenrand und -boden lösen, damit sie nicht ansetzt.

4 Sobald der Eierkuchen zu 3/4 durchgegart ist, mit Hilfe eines gut passenden Deckels oder Tellers wenden und nur ganz kurz auf der anderen Seite fertig garen.

5 Die Frittata sollte innen feucht und außen goldbraun sein.

Dauert etwa 20 Minuten

Zur Abwechslung Sie können dieses Rezept abwandeln, indem Sie statt Petersilie und Minze 2 bis 3 Bund Basilikum verwenden.

5 Eier

1 Bund Petersilie

1 Bund frische Minze

150 g Semmelbrösel

100 g Pecorino, frisch gerieben (ersatzweise Parmesan)

Salz

Pfeffer aus der Mühle

Olivenöl extra vergine

Bussolà alla vicentina

Biancomangiare

Struffoli

Parrozzo

Albicocche con crema di ricotta

Pere in miele

Castagnaccio

Bomboloni

Fave dolci

Ricciarelli di Siena

Bunet

Cannariculi

Crostata di mele alle mandorle

Budino di zucca

Offelle mele

Frittelle di

Dolci
Desserts und Gebäck

Ob man ein leichtes Fruchtdessert oder eine üppige Cremetorte serviert, hängt in der Regel davon ab, wie festlich oder gehaltvoll ein Essen gestaltet wird. Häufig werden Früchte, wie z. B. Pfirsiche oder Erdbeeren, nur mit Zucker und Zitronensaft mariniert oder leicht mit Wein übergossen. Gerne reicht man auch schönes reifes Obst nach Jahreszeit – in erster Linie Birnen, aber auch Trauben, Feigen, Aprikosen – mit Käse wie Parmesan oder Gorgonzola.

Wenn nicht anders angegeben, sind alle Rezepte für 4 Portionen berechnet.

ricotta alla sarda

Crema zabaione
Weinschaumcreme

1 Glas trockener Marsala
1/4 l trockener Weißwein
120–150 g Zucker
5 Eigelb
50–60 g Mehl
Puderzucker (oder Butter)

Tipps

- Die Zabaionecreme lässt sich sehr gut zum Füllen von Torten oder Gebäck verwenden.
- Möchten Sie die Zabaione als Nachspeise servieren, heben Sie vorsichtig 1/4 Liter gezuckerte und steif geschlagene Sahne unter und füllen die Creme in Portionsschälchen. Dazu hausgemachte Plätzchen reichen.

1 Marsala und Weißwein in einen Topf geben, die Hälfte des Zuckers hinzufügen und die Mischung auf kleiner Flamme erhitzen.

2 Inzwischen die Eigelbe mit dem restlichen Zucker schaumig schlagen und das Mehl hineinquirlen.

3 Wenn der Weißwein aufkocht, ein wenig davon in die Eiermischung rühren und alles in den Topf geben.

4 Den Topf ins Wasserbad stellen und unter ständigem Rühren mit einem Holzlöffel oder Schneebesen erhitzen. So lange weiterrühren, bis die Creme sich über den Löffel legt und nicht mehr glatt herabfließt.

5 Die Zabaione in eine Schüssel füllen und mit Puderzucker bestreuen oder mit Butterflöckchen besetzen, damit sich keine Haut bildet.

Dauert 20 bis 30 Minuten

Zur Abwechslung

- Den Marsala können Sie ohne weiteres auch durch einen anderen süßen Dessertwein oder einen guten Weißwein ersetzen.

Biancomangiare
Mandelcreme

10 g Gelatine
150 g Mandeln, gehackt
1/2 l Milch
100 g Zucker
400 g Sahne
1–2 EL Puderzucker

1 Die Gelatine in etwas kaltem Wasser einweichen. Die Mandeln in der Milch aufkochen, dann etwa 10 Minuten ziehen lassen.

2 Die Milch durch ein feines Tuch abseihen. Die Mandeln dabei fest ausdrücken, damit die Milch möglichst viel Aroma annimmt.

3 Die Milch noch einmal kurz erhitzen und vom Feuer nehmen. Die ausgedrückten Gelatineblätter und den Zucker sorgfältig darin auflösen. Die Mischung leicht abkühlen lassen.

4 Die Sahne mit dem Puderzucker steif schlagen und vorsichtig von oben nach unten mit der Mandelmilch vermischen.

5 Die Creme in eine Puddingform oder in Einzelförmchen füllen und mindestens 2 Stunden in den Kühlschrank stellen.

6 Auf eine Platte oder auf kleine Teller stürzen und servieren.

Dauert etwa 40 Minuten (ohne Abkühlzeit)

Zur Abwechslung Reduzieren Sie die Milchmenge um 1/8 Liter und geben mit der Gelatine 1/8 Liter starken Kaffee zur Mandelmilch.

Bunet
Karamellpudding aus dem Piemont

250 g Zucker
einige Tropfen Zitronensaft
1/2 l Milch
1 Päckchen Vanillezucker
4 Eier
20–25 g Kakaopulver
ca. 6 Amaretti (Mandelplätzchen), fein zermahlen

1 100 Gramm Zucker mit Zitronensaft und ein wenig Wasser auf kleiner Flamme in einem Töpfchen auflösen und weiter erhitzen, bis er eine helle Goldfarbe annimmt. Die Topfränder mit feuchtem Küchenkrepp abstreichen, damit sich kein Zucker festsetzt und anbrennt. Den Karamell in eine Puddingform geben.

2 Die Milch in einen Topf gießen, 75 Gramm Zucker und den Vanillezucker hinzufügen und auf kleiner Flamme zum Kochen bringen. Abkühlen lassen. Den Ofen auf 180 °C vorheizen.

3 Inzwischen die Eier mit dem restlichen Zucker schaumig schlagen. Kakaopulver und Amarettibrösel sorgfältig untermischen. Die abgekühlte Milch unter die Eiermischung rühren und die Creme in die Puddingform füllen.

4 Den Pudding im vorgeheizten Ofen (Umluft 160 °C, Gas Stufe 2 bis 3) 40 bis 50 Minuten im Wasserbad garen, dabei in den Wassertopf zuunterst ein Zeitungsblatt legen. Mit einem Zahnstocher prüfen, ob der Pudding fest geworden ist und gegebenenfalls noch kurze Zeit weitergaren. Abkühlen lassen und auf eine Servierplatte stürzen.

Dauert gut 1 Stunde (ohne Abkühlzeit)

Budino di zucca
Kürbispudding

1 Das Kürbisfleisch im auf 180 °C vorgeheizten Ofen bei mittlerer Hitze garen, bis es weich ist. Inzwischen die Eier trennen. Die Eigelbe in einer großen Schüssel mit dem Zucker verquirlen.

2 Nach und nach Mehl, Backpulver und Milch hineinrühren. Darauf achten, dass sich keine Klümpchen bilden. Den Kürbis pürieren und ebenfalls untermischen.

3 Die Amaretti fein zerstoßen und mit dem Muskat hinzugeben. Die Eiweiße sehr steif schlagen und behutsam unterheben.

4 Eine große Puddingform ausbuttern und leicht mit Mehl bestäuben. Die Kürbismischung hineingießen und im vorgeheizten Ofen (Umluft 160 °C, Gas Stufe 2 bis 3) etwa 1 Stunde im Wasserbad garen. Kurz abkühlen lassen, auf eine Platte stürzen und noch warm servieren.

Dauert etwa 1 Stunde 40 Minuten

600 g Kürbisfleisch ohne Schale und Kerne

4 Eier

100 g Zucker

100 g Mehl

1 TL Backpulver

knapp 1/4 l Milch

6 Amaretti (Mandelplätzchen)

1 Prise frisch geriebene Muskatnuss

Butter und Mehl für die Form

Budino di riso
Reispudding

1/2 l Milch

1 nussgroßes Stück Butter

Schale 1 abgeriebenen unbehandelten Zitrone

80 g Reis

80 g Zucker

100 g Sultaninen

2 ganze Eier

1 Eigelb

2 EL trockener Marsala (oder Rum)

Butter für die Form

Semmelbrösel (oder zerbröselte Plätzchen)

1 Die Milch in einem Topf erhitzen, Butter, Zitronenschale und Reis hinzufügen, und den Reis auf kleiner Flamme etwa 10 Minuten sanft kochen lassen.

2 Zucker und Sultaninen hinzufügen und noch etwa 10 Minuten sanft weitergaren. Den Topf vom Feuer nehmen. Eier, Eigelb und Marsala miteinander verquirlen und unter den Reis mischen. Den Ofen auf 180 °C vorheizen.

3 Eine Puddingform leicht einfetten, mit Semmelbröseln ausstreuen und die Reismischung hineinfüllen. Den Pudding im vorgeheizten Ofen (Umluft 160 °C, Gas Stufe 2 bis 3) etwa 40 Minuten im Wasserbad garen, bis er fest und goldgelb geworden ist. Auf eine Servierplatte stürzen und lauwarm zu Tisch bringen.

Dauert etwa 1 Stunde

Finte uova
Aprikosen im Sahnemantel

1 Die Aprikosen waschen, vorsichtig öffnen und den Kern entfernen.

2 Den Zucker zusammen mit knapp 1/4 Liter Wasser und der Zitronenschale in einen Topf geben und erhitzen. Die Aprikosen hineingeben und 5 Minuten auf kleiner Flamme sanft kochen lassen.

3 Den Topf vom Feuer nehmen und nach Belieben den Likör hinzufügen. Etwa 30 Minuten abkühlen lassen.

4 Inzwischen die Sahne steif schlagen und nach Belieben mit Puderzucker süßen. Die Schlagsahne in eine Glasschüssel geben. Die Oberfläche nicht glattstreichen, sondern die Sahne stellenweise etwas hochziehen.

5 Die abgekühlten Aprikosen aus dem Sirup heben und in der Sahne verteilen. Mit Kakaopulver bestäuben und servieren.

Dauert etwa 20 Minuten (ohne Abkühlzeit)

8 reife Aprikosen

70 g Zucker

1 Stückchen unbehandelte Zitronenschale

evtl. 1 Gläschen Amaretto (oder anderer Likör)

500 g Sahne

evtl. Puderzucker

Kakaopulver

Albicocche con crema di ricotta

Aprikosen mit Ricottacreme

8 reife Aprikosen
150–180 g Zucker
1 Vanilleschote
1 Stück unbehandelte Zitronenschale
400 g Ricotta
2 Eigelb
evtl. 1/2 Gläschen Likör
Cocktailkirschen zum Garnieren

Dauert etwa 40 Minuten

1 Die Aprikosen waschen, halbieren und entkernen. Zusammen mit 50 Gramm Zucker in einen Topf geben und knapp mit Wasser bedecken.

2 Vanilleschote und Zitronenschale hinzufügen, auf kleiner Flamme erhitzen und einige Minuten sanft kochen lassen. Die Aprikosen im Topf erkalten lassen.

3 Inzwischen den Ricotta durch ein Sieb in eine Schüssel streichen. Den restlichen Zucker, die Eigelbe und nach Belieben auch den Likör sorgfältig untermischen.

4 Mit der Creme die Aprikosenhälften füllen und mit Cocktailkirschen garnieren. Vor dem Servieren eine Weile in den Kühlschrank stellen.

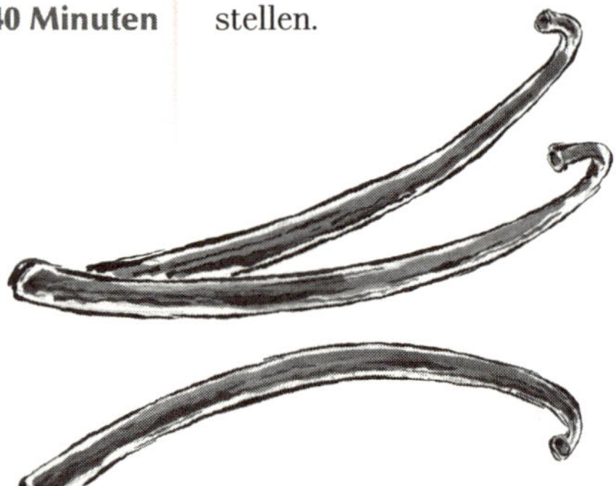

Pere in miele
Honigbirnen

800 g Birnen
trockener Weißwein
400 g Honig
Salz
Pfeffer aus der Mühle
6 Eier
Olivenöl extra vergine

1 Die Birnen schälen, entkernen und in kleine Würfel oder Scheiben schneiden. In einen Topf geben, mit Wein bedecken, 100 Gramm Honig hinzufügen, leicht salzen und pfeffern und 15 Minuten auf kleiner Flamme schmoren lassen. Die Flüssigkeit abgießen.

2 Den Ofen auf 200 °C vorheizen. Die Eier in einer Schüssel verquirlen.

3 200 Gramm Honig in einem Töpfchen leicht schmelzen lassen. Eier, Birnen und 4 Esslöffel Olivenöl hinzufügen und alles gut durchmischen.

4 Eine große, feuerfeste Form leicht einölen, die Birnenmischung hineinfüllen und glattstreichen. Die Füllung sollte nicht höher als 2 bis 3 Zentimeter reichen.

5 Die Honigbirnen im vorgeheizten Ofen (Umluft 180 °C, Gas Stufe 3 bis 4) 30 bis 40 Minuten garen, bis die Masse sich gefestigt hat und die Oberfläche goldbraun ist.

6 Leicht mit Pfeffer bestreuen und den restlichen, leicht erhitzten Honig darüber gießen.

Dauert etwa 1 Stunde 10 Minuten

Frittole
Karnevalskrapfen aus Venedig

Für etwa 30 Stück

25 g Hefe
80 g Zucker
300 g Mehl
1 Ei
1 Prise Zimtpulver
etwas abgeriebene Schale 1 unbehandelten Zitrone
1 Gläschen Rum (oder trockener Marsala)
1 Prise Salz
knapp 2 Gläser Milch
70–100 g Sultaninen, eingeweicht
50 g Pinienkerne
50 g kandierte Früchte
Öl zum Ausbacken
Zucker zum Bestreuen

1 Die Hefe mit 1 Esslöffel Zucker in 1/2 Glas warmem Wasser auflösen. Ruhen lassen, bis sich Schaum an der Oberfläche bildet.

2 Das Mehl in eine Schüssel sieben und mit dem restlichen Zucker vermischen. In die Mitte eine Mulde drücken und die aufgelöste Hefe sowie Ei, Zimt, Zitronenschale, Rum und Salz hineingeben.

3 Mit einem Schneebesen alles gut vermischen. Nach und nach die Milch hinzufügen, bis sich ein leichter, geschmeidiger Teig ergibt.

4 Sultaninen, Pinienkerne und kandierte Früchte unterrühren und den Teig mindestens 10 Minuten durcharbeiten. Die Schüssel mit einem Tuch bedecken und den Teig an einem warmen Ort 1 bis 1 1/2 Stunden gehen lassen.

5 Sobald der Teig sein Volumen verdoppelt hat, reichlich Öl in einer Pfanne erhitzen und den Teig löffelweise hineingeben. Den Löffel zwischendurch immer wieder mit Wasser befeuchten, damit der Teig leicht abgleitet. Die ausgebackenen Frittole auf Küchenkrepp abtropfen lassen, mit Zucker bestreuen und servieren.

Dauert 2 bis 2 1/2 Stunden

Crema fritta veneta
Cremeteilchen aus Venedig

Für etwa 20 Stück

3 Eier

150 g Zucker

180 g Mehl

1/2 l Milch

1 Stück unbehandelte Zitronenschale

1 Vanilleschote (oder Vanillezucker)

Öl

2 Eiweiß

Semmelbrösel

1 Die Eier mit der einen Hälfte des Zuckers schaumig schlagen und sorgfältig das Mehl untermischen.

2 Die Milch mit dem restlichen Zucker, der Zitronenschale und der aufgeschlitzten Vanilleschote aufkochen. Den Topf vom Feuer nehmen und die Eiermischung unterrühren. Die Creme auf kleinster Flamme, am besten im Wasserbad, unter ständigem Rühren vorsichtig eindicken lassen.

3 Eine große rechteckige Form einölen und die Creme hineinfüllen. Mit einem feuchten oder eingeölten Messer auf eine Höhe von maximal 3 Zentimeter glattstreichen.

4 Die Creme völlig abkühlen und fest werden lassen, danach in Rauten schneiden. Die Eiweiße schaumig schlagen. Reichlich Semmelbrösel in einen tiefen Teller geben.

5 Die Cremerauten durch den Eischnee und anschließend durch die Semmelbrösel ziehen. In reichlich Öl ausbacken, auf Küchenkrepp abtropfen lassen und sofort servieren.

Dauert etwa 30 Minuten (ohne Abkühlzeit)

Frittelle di ricotta alla sarda

Ausgebackene Ricottabällchen aus Sardinien

Für etwa 20 Stück

300 g Ricotta (oder Quark)

80 g Zucker

100 g Mehl

100–150 g Amaretti, fein zerstoßen

abgeriebene Schale 1 unbehandelten Zitrone

1 Prise Zimtpulver

4 Eier

Mehl zum Wenden

Semmelbrösel

Öl zum Ausbacken

1 Den Ricotta in eine Schüssel geben und Zucker, Mehl, 100 Gramm Amarettibrösel, Zitronenschale, Zimt und 2 Eier hinzufügen.

2 Alles gründlich miteinander vermengen. Sollte die Mischung zu flüssig sein, noch etwas zerstoßene Amaretti hinzugeben. Etwa 1 Stunde im Kühlschrank ruhen lassen.

3 Die restlichen Eier in einem tiefen Teller verquirlen. Etwa walnussgroße Bällchen aus der Ricottamasse formen, im Mehl, in den Eiern und schließlich in den Semmelbröseln wenden und in reichlich heißem Öl ausbacken.

4 Die Bällchen auf Küchenkrepp abtropfen lassen und sofort servieren.

Dauert etwa 30 Minuten (ohne Ruhezeit)

Cannarìculi
Teigstäbchen aus Kalabrien

Für etwa 30 Stück

400 g Mehl
100 g Zucker
abgeriebene Schale 1 unbehandelten Zitrone
1 Glas Weißwein
1 EL trockener Marsala (oder Rum)
1 Ei
1 Eigelb
1 Prise Salz
Öl zum Ausbacken
200–250 g Honig

1 Das Mehl auf die Arbeitsfläche sieben und eine Mulde eindrücken. Zucker, Zitronenschale, Wein, Marsala, Ei, Eigelb und Salz hinein geben. Alle Zutaten zu einem geschmeidigen, nicht zu weichen Teig verkneten, gegebenenfalls noch ein wenig Mehl hinzufügen.

2 Den Teig mit einem Tuch bedecken und etwa 30 Minuten ruhen lassen.

3 Aus dem Teig etwa 5 Zentimeter lange bleistiftdicke Stäbchen formen und in reichlich heißem Öl frittieren.

4 Die Stäbchen auf Küchenkrepp abtropfen lassen und auf eine nicht zu flache Servierplatte geben. Den Honig mit ein wenig Wasser erhitzen und über die Cannarìculi gießen. Warm servieren.

Dauert etwa 1 Stunde 30 Minuten

Die Cannarìculi werden in ihrer Heimat Kalabrien traditionell zu Weihnachten serviert.

Amaretti fritti
Fritierte Mandelplätzchen

Für etwa 20 Stück

Für den Ausbackteig

15 g Hefe

60 g Zucker

400 g Mehl

2 Eigelbe

Außerdem

1 EL Zucker

1 Glas Rum (oder trockener Marsala oder Likör)

300 g Amaretti

Öl zum Ausbacken

Puderzucker zum Bestäuben

Tipp **Unmittelbar vor dem Ausbacken können Sie nach Belieben noch 2 sehr steif geschlagene Eiweiß unter den Teig ziehen.**

1 Die Hefe in ein großes Glas bröckeln, mit 1 Teelöffel Zucker vermischen und mit Wasser auffüllen. Ruhen lassen, bis sich Schaum an der Oberfläche bildet.

2 Das Mehl auf die Arbeitsfläche sieben, eine Mulde eindrücken und die aufgelöste Hefe, die Eigelbe und den restlichen Zucker hinein geben. Alle Zutaten gut verkneten, nach Bedarf noch ein wenig Wasser hinzufügen. Den Teig mindestens 1 Stunde ruhen lassen.

3 Inzwischen 1/2 Glas Wasser mit dem Zucker erhitzen, einige Minuten kochen und leicht abkühlen lassen. Den Rum mit dem Zuckerwasser verdünnen.

4 Die Amaretti kurz hineintauchen, durch den Ausbackteig ziehen und in reichlich Öl portionsweise goldgelb frittieren.

5 Auf Küchenkrepp abtropfen lassen, auf eine Platte legen, mit Puderzucker bestäuben und sofort servieren.

Dauert gut 1 Stunde 30 Minuten

Bomboloni Teigbälle aus der Toskana

Für etwa 16 Stück

20 g Hefe
60 g Zucker
250 g Mehl
50 g geschmolzene Butter
1–2 Eigelb
1 Prise Salz
etwas lauwarme Milch
Mehl zum Ausrollen
Öl zum Ausbacken
Puderzucker zum Bestreuen

1 Die Hefe in ein Glas bröckeln, 1/2 Glas Wasser und 1 Teelöffel Zucker hinzufügen. Umrühren und ruhen lassen, bis sich Schaum an der Oberfläche bildet.

2 Das Mehl auf die Arbeitsfläche sieben, aufhäufeln und eine Mulde eindrücken. Die angerührte Hefe, den restlichen Zucker, die Butter sowie Eigelbe, Salz und Milch hineingeben.

3 Alle Zutaten zu einem geschmeidigen, weichen Teig verkneten. Je nach Konsistenz noch etwas Mehl oder lauwarme Milch hinzufügen. Den Teig 10 Minuten gut durchkneten und an einem warmen Ort auf das doppelte Volumen aufgehen lassen.

4 Den Teig auf einer bemehlten Arbeitsfläche ungefähr 1 1/2 Zentimeter dick ausrollen. Mit einem Glas Teigkreise von etwa 5 Zentimeter Durchmesser ausstechen. In genügendem Abstand voneinander auslegen und noch einmal 40 bis 60 Minuten aufgehen lassen.

5 Bomboloni in reichlich Öl von beiden Seiten goldbraun frittieren. Auf Küchenkrepp abtropfen lassen, mit Puderzucker bestreuen.

Dauert 2 bis 2 1/2 Stunden

Cicerchiate Honigbällchen aus Umbrien

Für etwa 40 Stück

- 300 g Mehl
- 2 Eigelb
- 1/2 Glas Olivenöl extra vergine
- 1/2 Glas lauwarmer Weißwein
- 1 Prise Salz
- Öl (oder Schmalz) zum Frittieren
- 50 g kandierte Früchte
- 50 g Mandeln
- 250 g Honig

1 Das Mehl auf die Arbeitsfläche sieben und eine Mulde in die Mitte drücken. Eigelbe, Olivenöl, Wein und Salz hineingeben. Die Zutaten zu einem geschmeidigen, weichen Teig verkneten und 10 Minuten ruhen lassen.

2 Den Teig halbieren und mit bemehlten Händen zu 2 etwa daumendicken Rollen formen. Weitere 15 Minuten unter einem Tuch ruhen lassen.

3 Die Rollen in haselnussgroße Stückchen schneiden. Reichlich Öl erhitzen und die Cicerchiate darin goldgelb ausbacken. Auf Küchenkrepp abtropfen lassen und auf einen tiefen Servierteller geben.

4 Die kandierten Früchte und die Mandeln grob hacken und über das Gebäck streuen. Zum Schluss den Honig dünnflüssig erhitzen und darüber gießen.

Dauert etwa 1 Stunde 30 Minuten

Ursprünglich wurden die Cicerchiate, ein traditionelles Karnevalsgebäck, in Schmalz ausgebacken.

Torta di bigoli
Nudeltorte

1 Die Bigoli in reichlich Salzwasser sehr bissfest garen. Abgießen, sofort unter kaltem Wasser abschrecken und in eine Schüssel geben.

2 50 Gramm Butter, Puderzucker, Sultaninen, Pinienkerne, Zitronat und Zitronenschale hinzugeben und gut mit den Nudeln vermischen.

3 Den Ofen auf 180 °C vorheizen. Eine große Springform mit etwas Butter einfetten und mit Semmelbröseln ausstreuen. Die Nudelmischung in die Form geben und mit angefeuchteten Händen glatt streichen. Die restliche Butter in Flöckchen daraufsetzen und noch etwas Semmelbrösel darüber streuen.

4 Die Nudeltorte im vorgeheizten Ofen (Umluft 160 °C, Gas Stufe 2 bis 3) etwa 50 Minuten backen, bis die Oberfläche goldbraun ist. Abkühlen lassen und mit Puderzucker bestreuen.

Dauert etwa 1 Stunde 10 Minuten

Diese Süßspeise ist eine Spezialität des Veneto.

Für etwa 12 Stücke

400 g Bigoli (oder eine ähnliche Nudelart)

Salz

100 g zimmerwarme Butter

100–150 g Puderzucker

80–100 g Sultaninen, eingeweicht

50 g Pinienkerne

70 g Zitronat

etwas abgeriebene Schale 1 unbehandelten Zitrone

Semmelbrösel

Crostata di mele alle mandorle

Apfelkuchen mit Mandeln

Für 12 Stücke

Für den Mürbeteig

100 g Mandeln, fein gemahlen
200 g Zucker
300 g Mehl
1 Prise Salz
1 Msp. Trockenhefe
abgeriebene Schale von 1 unbehandelten Zitrone
1 Päckchen Vanillezucker
200 g Butter
4 Eigelb

1 Mandeln, Zucker, Mehl, Salz und Hefe auf der Arbeitsfläche miteinander vermischen, aufhäufeln und eine Mulde eindrücken. Zitronenschale, Vanillezucker, Butter und Eigelbe hineingeben. Alle Zutaten mit den Fingerspitzen sehr zügig zu einem Teig verkneten.

2 Den Teig in Klarsichtfolie wickeln und mindestens 30 Minuten im Kühlschrank ruhen lassen.

3 Für die Crema pasticcera Milch mit der Hälfte des Zuckers, Zitronenschale und aufgeschlitzter Vanilleschote erhitzen. Eigelbe gründlich mit dem restlichen Zucker verschlagen. Mehl hinzufügen und gut untermischen.

4 Die aufkochende Milch vom Feuer nehmen. Einen kleinen Schöpflöffel Milch in die Schüssel geben und gut umrühren. Die Eiermischung in den Milchtopf geben und umrühren. Die Creme bei schwacher Hitze weiter mit dem Schneebesen schlagen, damit sich keine Klümpchen bilden.

5 Den Topf vom Feuer nehmen, Vanilleschote und Zitronenschale entfernen. Die Creme durch ein Sieb in eine Schüssel streichen.

6 Mandeln und Mandellikör unterziehen und die Creme mit Puderzucker bestreuen oder mit Butterflöckchen besetzen, damit sich keine Haut bildet.

7 Den Ofen auf 180 °C vorheizen. Äpfel schälen, vom Kernhaus befreien, in Scheiben schneiden und mit Zitronensaft beträufeln. Eine Springform ausbuttern und mit Mehl bestäuben.

8 Den Teig etwa 2 Zentimeter dick ausrollen, die Form auskleiden und einen Rand hochziehen. Einen kleinen Teigrest beiseite legen.

9 Die etwas abgekühlte Crema pasticcera einfüllen und glatt streichen. Die Creme mit den Apfelscheiben belegen und mit Puderzucker und Mandeln bestreuen.

10 Den restlichen Teig dünn ausrollen, in Streifen schneiden und als Gitter über den Kuchen legen. Den Kuchen im vorgeheizten Ofen (Umluft 160 °C, Gas Stufe 2 bis 3) 40 bis 50 Minuten backen. Abkühlen lassen, aus der Form nehmen und den Rand mit Puderzucker bestäuben.

Dauert etwa 1 Stunde 10 Minuten

Für die Crema pasticcera

1/2 l Milch

120 g Zucker

1 Stück unbehandelte Zitronenschale

1 Vanilleschote

5 Eigelb

50–60 g Mehl

30 g fein gemahlene Mandeln

etwas Amaretto (Mandellikör)

Puderzucker (oder Butter)

Außerdem

4–5 Äpfel

Saft von 1 Zitrone

Butter und Mehl für die Form

Puderzucker zum Bestreuen

100 g Mandeln, gehackt

Crostata di crema
Cremekuchen

Für 12 Stücke

Für den Mürbeteig
500 g Mehl
250 g Zucker
1 Prise Salz
abgeriebene Schale 1 unbehandelten Zitrone
1 Päckchen Vanillezucker
250 g Butter
5 Eigelbe

Für die Crema pasticcera
350 ml Milch
100–120 g Zucker
1 Stück unbehandelte Zitronenschale
1 Vanilleschote
3–4 Eigelb
30–40 g Mehl
Puderzucker

Außerdem
Butter und Mehl
1 Eigelb
Puderzucker

1 Alle Zutaten für den Mürbeteig rasch miteinander vermengen. Falls der Teig nicht bindet, tropfenweise Wasser unterkneten. Den Teig in Frischhaltefolie wickeln und mindestens 30 Minuten im Kühlschrank ruhen lassen.

2 Inzwischen eine Crema pasticcera mit den hier angegebenen Mengen zubereiten (siehe Seite 276) und weitgehend abkühlen lassen.

3 Eine Springform buttern und mit Mehl bestreuen. Den Ofen auf 180 °C vorheizen. Den Teig etwa 2 Zentimeter dick ausrollen. Die Form umgekehrt auf den Teig legen und mit einem scharfen Messer rundherum schneiden Die Teigscheibe in die Form hineinlegen und am Rand etwas hochziehen. Die Creme hineinfüllen.

4 Aus dem restlichen Teig Streifen ausrädeln und gitterartig auf den Kuchen setzen. Das Eigelb verquirlen und das Teiggitter damit bestreichen.

5 Den Kuchen im vorgeheizten Backofen (Umluft 160 °C, Gas Stufe 2 bis 3) etwa 40 Minuten backen, abkühlen lassen und mit Puderzucker bestreuen.

Dauert etwa 75 Minuten (ohne Abkühlzeit)

Struffoli Honigbällchen

1 Das Mehl auf die Arbeitsfläche sieben, aufhäufeln und eine Mulde hineindrücken. Eier, Eigelb, Puderzucker, Schmalz, Zitronenschale und Orangensaft hineingeben und alle Zutaten zu einem weichen, geschmeidigen Teig verarbeiten. 10 Minuten ruhen lassen.

2 Mit bemehlten Händen aus dem Teig fingerdicke Röllchen formen und 1 bis 2 Zentimeter lange Stückchen abschneiden. Nochmals 5 Minuten ruhen lassen.

3 Die Struffoli in reichlich heißem Öl goldbraun frittieren und auf Küchenkrepp abtropfen lassen. Den Honig in einem Töpfchen erhitzen. Sobald er dünnflüssig ist, Orangeat und Zitronat hineingeben.

4 Die Struffoli in eine Schüssel geben, die Honigmischung darüber gießen und gut durchmischen, ohne die Bällchen zu beschädigen.

5 Die Struffoli mit feuchten Händen auf einer Platte zu einer Art Pyramide auftürmen. Vor dem Servieren einige Stunden oder besser 1 Tag ruhen lassen.

Dauert etwa 1 Stunde (ohne Ruhezeit)

Für etwa 30 Stück

250 g Mehl
4 Eier
1 Eigelb
1/2 EL Puderzucker
40 g Schmalz (oder zimmerwarme Butter)
abgeriebene Schale 1 unbehandelten Zitrone
Saft von 1 1/2 Orangen
Öl zum Ausbacken
150 g Honig
50 g Orangeat
50 g Zitronat

Info Diese traditionelle Süßspeise aus dem Süden Italiens geht wahrscheinlich auf altgriechische Einflüsse zurück und wird in Kampanien und in den Abruzzen vor allem zu Weihnachten serviert.

Torta di mele all'olio d'oliva
Apfelkuchen mit Olivenöl

Für 12 Stücke

3–4 Äpfel
Saft von 1/2 Zitrone
200 g Mehl
250 g Zucker
3 Eier
6–7 EL Milch
6 EL Olivenöl extra vergine
1 Päckchen Trockenhefe
etwas abgeriebene Schale 1 unbehandelten Zitrone
Butter (oder Öl) und Mehl für die Form

1 Den Ofen auf 180 °C vorheizen. Die Äpfel schälen, vom Kernhaus befreien, in Scheiben schneiden und in Zitronenwasser legen.

2 Das Mehl in eine Schüssel sieben und Zucker, Eier, Milch und Olivenöl unter ständigem Rühren mit dem Schneebesen hinzufügen. Der Teig sollte cremig und geschmeidig sein. Die Hefe und die Zitronenschale einarbeiten.

3 Eine Springform einfetten und mit Mehl bestäuben. Den Teig hineinfüllen und mit den Apfelscheiben belegen.

4 Den Kuchen im vorgeheizten Ofen (Umluft 160 °C, Gas Stufe 2 bis 3) in etwa 40 Minuten goldbraun backen.

Dauert etwa 1 Stunde

Torta sbrisolona
Krümelkuchen aus Mantua

Für 10 Stück

- 350 g Mehl
- 150 g Mandeln, gemahlen
- 150 gMaismehl, fein gemahlen
- 150 g Zucker
- 150 g zimmerwarme Butter
- 1 Päckchen Trockenhefe
- 3 Eigelb
- Butter und Mehl für die Form
- Zucker zum Bestreuen

1 Das Mehl mit den Mandeln und dem Maismehl gut vermischen. Die Mischung aufhäufeln, eine Mulde eindrücken und Zucker, Butter, Hefe und Eigelbe hineingeben.

2 Alle Zutaten zu vielen kleine Teigklümpchen verkneten. Den Ofen auf 180 °C vorheizen.

3 Eine Springform ausbuttern und mit Mehl bestäuben. Den Teig gleichmäßig in der Form verteilen und glätten.

4 Den Kuchen mit Zucker bestreuen und im vorgeheizten Ofen (Umluft 160 °C, Gas Stufe 2 bis 3) in etwa 50 Minuten goldgelb backen. Die Garprobe machen, und den Kuchen gegebenenfalls noch kurz weiterbacken.

Dauert etwa 1 Stunde 10 Minuten

Tipps **Sie können den Krümelkuchen zum Frühstück wie zum Tee servieren oder auch zusammen mit einer Creme (beipielsweise die Crema zabaione, siehe Seite 260) auch als Nachspeise.**

Presnitz Südtiroler Nussstrudel

Für 12 Stücke

Für den Teig
- 350 g Mehl
- 150 g weiche Butter
- 1 Prise Salz
- evtl. etwas Milch

Für die Füllung
- 100 g Haselnusskerne
- 100 g Mandeln, geschält
- 100 g Walnusskerne
- 50 g Pinienkerne
- 100 g Orangeat
- 2 TL Kakaopulver
- 200 g Zucker
- abgeriebene Schale 1 unbehandelten Zitrone
- 2–3 Eigelb

Außerdem
- Butter und Mehl für das Backblech (oder Backpapier)
- 1 Ei
- 1 EL Milch

1 Das Mehl auf die Arbeitsfläche sieben und mit Butter, Salz und ein wenig Wasser oder Milch zu einem geschmeidigen, aber festen Teig verkneten und ruhen lassen.

2 Die Haselnüsse ohne Fett in einer Pfanne anrösten. Haselnüsse, Walnüsse, Mandeln, Pinienkerne und Orangeat grob hacken.

3 Die gehackten Zutaten mit Kakao, Zucker, Zitronenschale und Eigelben sorgfältig vermischen. Die Füllung abschmecken und gegebenenfalls noch ein wenig Zucker hinzufügen.

4 Den Ofen auf 180 °C vorheizen. Teig rechteckig ausrollen und gleichmäßig mit der Füllung bedecken. Wie eine Wurst einrollen und an den Enden gut verschließen. Ein Blech buttern, mit Mehl bestäuben, den Presnitz darauflegen und leicht spiralförmig verdrehen. Das Ei mit der Milch verquirlen und darüberstreichen.

5 Den Strudel im vorgeheizten Ofen (Umluft 160 °C, Gas Stufe 2 bis 3) etwa 40 Minuten backen, bis er goldgelb ist. Abkühlen lassen und möglichst erst am nächsten Tag servieren.

Dauert etwa 1 Stunde 10 Minuten

Castagnaccio
Kastanienkuchen

1 Die Sultaninen in etwas lauwarmem Wasser einweichen und abtropfen lassen.

2 Das Kastanienmehl in eine Schüssel geben. Nach und nach unter ständigem Rühren knapp 1/2 Liter Wasser zugießen, so dass ein geschmeidiger Teig entsteht.

3 Das Öl sorgfältig hineinarbeiten. Sollten sich dennoch Klümpchen ergeben, den Teig durch ein Sieb pressen. Den Ofen auf 180 °C vorheizen.

4 Sultaninen und Pinienkerne unterrühren und den Teig 20 Minuten ruhen lassen. Eine feuerfeste Form einölen und den Teig maximal 1 1/2 Zentimeter hoch hineinfüllen. Den Kuchen im vorgeheizten Ofen (Umluft 160 °C, Gas Stufe 2 bis 3) 40 bis 50 Minuten backen.

Dauert etwa 1 Stunde (ohne Ruhezeit)

Tipp Der Kastanienkuchen schmeckt besonders gut lauwarm.

Info Dieser Kuchen ist eine Spezialität Liguriens und der Toskana. Dort wird er häufig noch mit gehackten Rosmarinnadeln oder mit Fenchelsamen angereichert.

Für 10 Stücke

100 g Sultaninen
350 g Kastanienmehl
1/2 Glas Olivenöl extra vergine
70 g Pinienkerne
Öl für die Form

Parrozzo
Mandelkuchen aus den Abruzzen

Für 10 Stücke

- **50 g Butter**
- **8 Eier**
- **150 g Zucker**
- **50 g Mandeln, gemahlen**
- **50 g Mehl**
- **100 g Kartoffelmehl**
- **Butter und Mehl für die Form**
- **150 g Blockschokolade**

1 Die Butter schmelzen und abkühlen lassen. Den Ofen auf 180 °C vorheizen.

2 Die Eier trennen und das Eiweiß kalt stellen. Eigelbe und Zucker in einer Schüssel schaumig schlagen. Mandeln, Mehl, Kartoffelmehl und Butter untermischen. Die Eiweiße steif schlagen und vorsichtig unterheben.

3 Eine Springform mit Butter einfetten und leicht mit Mehl bestäuben. Den Teig hineinfüllen.

4 Den Kuchen im vorgeheizten Ofen (Umluft 160 °C, Gas Stufe 2 bis 3) 40 bis 50 Minuten backen. Aus der Form nehmen und abkühlen lassen.

5 Die Schokolade im Wasserbad schmelzen und den abgekühlten Mandelkuchen damit bestreichen.

Dauert etwa 1 Stunde 20 Minuten

Pandolce genovese
Rosinenstollen aus Genua

1 Hefe mit etwas warmem Wasser und Zucker verrühren und ruhen lassen, bis sich Schaum bildet. Mehl sieben und mit der Hefe zu einem geschmeidigen Vorteig verkneten. Evtl. noch Wasser oder Mehl zufügen. Vorteig zu einem Kringel formen. In eine Schüssel mit reichlich warmem Wasser legen.

2 Das Mehl für den Teig auf die Arbeitsfläche sieben und eine Mulde hineindrücken. Butter, Zucker, Orangenextrakt und etwas Wasser hineingeben. Die Zutaten zu einem Teig verkneten. Sultaninen, Pinienkerne und Zitronat zugeben und den Teig durchkneten. Ein Blech mit Butter bestreichen und leicht bemehlen.

3 Sobald der Vorteig hochschwimmt, herausnehmen und 10 Minuten mit dem Teig verkneten. Die Konsistenz sollte geschmeidig und nicht zu weich sein. Falls nötig Mehl zugeben.

4 Den Ofen auf 180 °C vorheizen. Einen runden Laib formen, auf das Blech legen. 10 Minuten gehen lassen. Den Stollen im Ofen (Umluft 160 °C, Gas Stufe 2 bis 3) 50 bis 60 Minuten backen. Die Garprobe machen und eventuell noch kurz weiterbacken.

Dauert 1 1/2 bis 2 Stunden

Für 12 Stücke

Für den Vorteig

50 g Hefe

1 TL Zucker (oder Melasse)

150 g Mehl

Für den Teig

250 g Mehl

100 g zimmerwarme Butter

120 g Zucker

einige Tropfen Orangenextrakt

100 g Sultaninen

100 g Pinienkerne

80 g Zitronat

Außerdem

Butter und Mehl für das Backblech

Torta meinia (Pan dei mei)
Maiskuchen

Für 10 Stücke

- **150 g Butter**
- **300 g Maismehl (zur Hälfte fein, zur Hälfte grob gemahlen)**
- **150 g Weizenmehl**
- **200 g Zucker**
- **4 Eier**
- **1 1/2 Gläser Milch**
- **1 Päckchen Trockenhefe**
- **Butter und Mehl für die Form**
- **2 EL getrocknete Holunderblüten**
- **Puderzucker zum Bestreuen**

Tipp **Die Holunderblüten können Sie auch ersatzlos streichen.**

1 Die Butter schmelzen und abkühlen lassen. Das gesamte Mehl in eine Schüssel sieben. Zucker, Butter, Eier, Milch und Hefe hinzugeben und alle Zutaten zu einem geschmeidigen Teig verkneten. Falls nötig, noch etwas Milch hinzufügen.

2 Den Ofen auf 180 °C vorheizen. Eine Springform mit Butter ausstreichen, mit Mehl bestäuben und den Teig hineinfüllen.

3 Holunderblüten und Puderzucker darüberstreuen und den Kuchen im vorgeheizten Ofen (Umluft 170 °C, Gas Stufe 3) 30 bis 40 Minuten backen.

4 Die Garprobe machen und den Kuchen eventuell noch einige Minuten weiterbacken. Mit flüssiger Sahne oder Englischer Creme servieren.

Dauert etwa 1 Stunde

Eine Spezialität aus Mailand zum Tag des heiligen Georg (23. April), dem Schutzheiligen der Milchhändler.

Bussolà alla vicentina
Napfkuchen aus Vicenza

Für 12 Stücke

500 g Mehl
1 Prise Salz
1 Päckchen Trockenhefe
100 g zimmerwarme Butter
250 g Zucker
Eier
1 Gläschen Grappa (oder trockener Marsala)
Butter und Mehl für die Form
1 Eigelb zum Bestreichen

1 Das Mehl auf die Arbeitsfläche sieben, aufhäufeln und eine Mulde eindrücken. Den Ofen auf 180 °C vorheizen.

2 Salz, Hefe, Butter, 200 Gramm Zucker, 6 Eier und den Grappa hineingeben und alles zu einem elastischen, weichen Teig verarbeiten. Falls der Teig allzu weich ist, noch etwas Mehl hinzufügen. Im umgekehrten Fall noch 1 Ei untermischen.

3 Eine Napfkuchenform ausbuttern und mit Mehl bestäuben. Den Teig hineingeben, aber nicht mehr als 2/3 der Form füllen, weil der Kuchen beim Backen stark aufgeht. Das Eigelb verquirlen und den Kuchen damit bestreichen. Den restlichen Zucker darüberstreuen.

4 Den Napfkuchen im vorgeheizten Ofen (Umluft 160 °C, Gas Stufe 2 bis 3) 40 bis 50 Minuten goldgelb backen.

Dauert etwa 1 Stunde (ohne Abkühlzeit)

Tipp Während der ersten 20 Minuten Backzeit den Ofen nicht öffnen.

Cornetti di pasta lievitata

Hefeteighörnchen (Brioches)

Für etwa 20 Stück

Für den Vorteig

50 g Hefe
1 TL Zucker
250 g Mehl

Für den Teig

250 g Mehl
10 g Hefe
1 Gläschen lauwarme Milch
70 g Butter
6 Eigelb
100 g Zucker
1 Prise Salz

1 Die Hefe in eine Tasse bröckeln, Zucker und gut 1/8 Liter lauwarmes Wasser hinzufügen und umrühren. Ruhen lassen, bis sich Schaum an der Oberfläche bildet.

2 Das Mehl auf die Arbeitsfläche sieben und mit der aufgelösten Hefe 5 Minuten zu einem Vorteig verkneten. Den Vorteig zu einem Ring formen und in eine große Schüssel mit lauwarmem Wasser legen, bis der Teigring an die Oberfläche steigt.

3 Das Mehl für den Teig auf die Arbeitsfläche sieben.

4 Die Hefe in der Milch auflösen und ruhen lassen, bis die Oberfläche schaumig wird. Die Butter schmelzen und weitgehend abkühlen lassen.

5 Eine Mulde in das Mehl eindrücken. Die aufgelöste Hefe und nach und nach Eigelbe, Zucker, Butter und Salz hinein geben.

6 Die Zutaten etwa 5 Minuten zu einem weichen Teig verkneten. Falls der Teig zu fest ist, noch etwas lauwarme Milch hinzufügen.

7 Vorteig und Teig 10 Minuten gut miteinander verkneten, mit einem Tuch bedecken und an einem warmen Ort etwa 30 Minuten ruhen lassen, bis sich das Volumen verdoppelt hat. Ein Backblech ausbuttern und mit Mehl bestäuben.

8 Den Teig etwa 1 Zentimeter dick ausrollen. Dreiecke von etwa 10 Zentimeter Seitenlänge ausschneiden.

9 Ein wenig Marmelade oder Konditorcreme in die Mitte geben und die Dreiecke zu Hörnchen zusammenrollen. Die Spitzen biegen, so dass Halbkreise entstehen.

10 Die Hörnchen mit genügend Zwischenraum auf das Backblech legen, mit einem Tuch bedecken und an einem warmen Ort nochmals aufgehen lassen.

11 Den Ofen auf 180 °C vorheizen. Die Hörnchen im vorgeheizten Ofen (Umluft 160 °C, Gas Stufe 2 bis 3) etwa 40 Minuten backen.

Dauert etwa 2 Stunden 30 Minuten

Außerdem

Butter und Mehl für die Form (oder Backpapier)

100 g beliebige Marmelade (oder Crema pasticcera, Seite 276)

Gobeletti Marmeladentörtchen

Für 16 Stück

Für den Mürbeteig

400 g Mehl
200 g Zucker
1 Prise Salz
1 Msp. Trockenhefe
etwas abgeriebene Schale 1 unbehandelten Zitrone
etwas Vanillezucker
200 g Butter
4 Eigelb

Außerdem

Butter und Mehl für die Förmchen
Marmelade nach Belieben
1 Eigelb zum Bestreichen
Puderzucker zum Bestäuben

Tipp Gut verschlossen halten sich die Marmeladentörtchen einige Tage.

1 Mehl mit Zucker und Salz vermengen. Hefe, Zitronenschale und Vanillezucker zugeben. Die Mischung aufhäufeln, eine Mulde hineindrücken und Butter und Eigelbe hineingeben. Alles schnell zu einem Teig verkneten. Falls er nicht geschmeidig wird, tropfenweise Wasser zugeben.

2 Den Teig in Folie wickeln und 30 Minuten kühl ruhen lassen. 16 Torteletttförmchen buttern und mit Mehl bestäuben. Den Teig ausrollen und mit einem Glas 16 Kreise in Förmchengröße ausstechen. Den Ofen auf 180 °C vorheizen.

3 Die Förmchen mit dem restlichen Teig auskleiden. Diesen sorgfältig seitlich hochziehen und festdrücken. Mit Marmelade füllen. Über jedes Förmchen eine Teigscheibe legen und die Ränder von Teigboden und -deckel fest zusammendrücken. Die Törtchen mit der Gabel etwas einstechen. Mit Eigelb bestreichen.

4 Die Torteletts auf ein Blech setzen und im Ofen (Umluft 160 °C, Gas Stufe 2 bis 3) 20 bis 30 Minuten goldbraun backen. Abkühlen lassen, aus den Förmchen nehmen und mit Puderzucker bestäuben.

Dauert etwa 1 Stunde 10 Minuten

Offelle mele
Apfelplätzchen

Für etwa 28 Stück

Für den Mürbeteig

500 g Mehl
200 g Zucker
1 Prise Salz
200 g Butter
4 Eigelb
etwas Vanillezucker
abgeriebene Schale 1 unbehandelten Zitrone

Für die Füllung

50 g Sultaninen
3 Äpfel
Saft von 1/2 Zitrone
1–2 EL Semmelbrösel
50 g Pinienkerne
1 Prise Zimtpulver
100–150 g Zucker

Außerdem

Butter und Mehl für die Form
1 Eigelb zum Bestreichen

1 Mehl mit Zucker und Salz mischen, aufhäufeln und eine Mulde eindrücken. Übrige Zutaten zugeben und schnell verkneten. Falls er nicht geschmeidig ist, tropfenweise Wasser zugeben. Teig in Folie wickeln und mindestens 30 Minuten kühl ruhen lassen.

2 Sultaninen in Wasser einweichen. Äpfel schälen, entkernen und klein würfeln. Mit Zitronensaft beträufeln. Die Semmelbrösel leicht anrösten und zu den Äpfeln geben. Die abgetropften Sultaninen und die restlichen Zutaten für die Füllung untermischen.

3 Ofen auf 180 °C vorheizen. Teig 1/2 Zentimeter dick ausrollen und mit einem runden, am Rand gewellten Förmchen Kreise ausstechen. Einen Klecks Fülle in die Mitte einer Teigscheibe setzen und den Rand anfeuchten. Ein zweites Teigstück darüber legen und die Ränder zusammendrücken. Auf gleiche Weise den gesamten Teig und die Füllung verarbeiten.

4 Ein Blech fetten, mit Mehl bestäuben, Eigelb verquirlen. Plätzchen auf das Blech legen und mit Eigelb bestreichen. Im Ofen (Umluft 160 °C, Gas Stufe 2 bis 3) ca. 25 Minuten backen.

Dauert etwa 1 Stunde (ohne Ruhezeit)

Ossi da mordere
Mandelknochen

Für etwa 24 Stück

300 g Mandeln, fein gehackt
4–5 Gewürznelken
250 g Zucker
200 g Mehl
trockener Marsala
2 Eiweiß
Backpapier

1 Die Hälfte der Mandeln und die Gewürznelken zusammen mit dem Zucker im Mixer fein zermahlen. Den Mandelzucker mit dem Mehl vermischen und nach und nach so viel Marsala hinzugeben, dass ein geschmeidiger, aber fester Teig entsteht.

2 Die Eiweiße steif schlagen. Ein Backblech mit Backpapier auslegen. Den Ofen auf 180 °C vorheizen.

3 Mit leicht bemehlten Händen eine dünne Rolle aus dem Teig formen und etwa 3 Zentimeter lange Stücke abschneiden.

4 Die Teigstücke schnell im Eischnee und anschließend in den restlichen Mandeln wenden. Die Plätzchen auf das Blech setzen und im vorgeheizten Ofen (Umluft 160 °C, Gas Stufe 2 bis 3) 5 bis 10 Minuten backen, bis sie goldbraun und von außen ganz hart sind.

Dauert etwa 30 Minuten

Tipps

- **Die Mandelknochen servieren Sie am besten zusammen mit Eis oder zum Tee.**
- **Gut verschlossen halten sich die Plätzchen einige Zeit.**

Ricciarelli di Siena
Mandelmakronen

Für etwa 16 Stück

300 g Mandeln, fein gemahlen

200 g Zucker

1 Päckchen Vanillezucker

etwas abgeriebene unbehandelte Orangenschale

1 – 2 Eiweiß

100 g Puderzucker

Backoblaten

Puderzucker zum Bestäuben

1 Die Mandeln in eine Schüssel geben. Zucker, Vanillezucker, Orangenschale und 1 Eiweiß hinzufügen und mit dem Schneebesen zu einer einheitlichen Masse verrühren. Falls der Teig zu fest ist, noch 1 steif geschlagenes Eiweiß unterziehen.

2 Den Teig auf die Arbeitsfläche geben und sorgfältig mit dem Puderzucker vermengen.

3 Mit Hilfe eines angefeuchteten Messers kleine Rauten aus dem Teig formen und auf Oblaten setzen. Die Oberfläche glattstreichen.

4 Die Makronen auf ein Backblech setzen und über Nacht an einem kühlen Ort ruhen lassen.

5 Den Backofen auf 60 °C (Umluft 40 °C, Gas Stufe 1) vorheizen und die Ricciarelli etwa 20 bis 30 Minuten darin trocknen.

6 Die Makronen aus dem Backofen nehmen, abkühlen lassen und mit einem scharfen Messer die überstehenden Ränder der Oblaten wegschneiden. Mit Puderzucker bestäuben.

Dauert etwa 40 Minuten (ohne Ruhezeit)

Tipp **Gut verschlossen bleiben die Makronen eine ganze Weile frisch.**

Rezeptregister Italienische Rezeptnamen

A

B

C

D

O

P

R

S

T

V

Z

Rezeptregister Deutsche Rezeptnamen

A

B

C

E

F

G

H

K

L

M

T

W

Z

Impressum

Die Autorin
Dagmar Türck-Wagner, begeisterte Köchin und erfolgreiche Autorin von italienischen Kochbüchern und Reiseführern, hat in über 20 Jahren ihre Wahlheimat kennen- und liebengelernt.

Redaktionsleitung	Susanne Kirstein
Illustrationen	Beate Brömse
Layout, Gesamtproducing, Satz	v|Büro – Jan-Dirk Hansen, München
Bildredaktion	Elisabeth Franz
Korrektorat	Susanne Langer, Traunstein
Umschlag	Reinhard Soll
Reproduktion	Artilitho, Lavis (Trento)
Druck und Bindung	Těšínská Tiskárna, a.s, Český Těšín

Printed in the Czech Republic

ISBN 978-3-517-08350-6
ISBN 978-3-517-08380-3 (Ausgabe im Schuber)
9817 2635 4453 6271